青少年沟通心理学
这样说孩子才会听

刘高峰 苟永霞 编著

中国纺织出版社有限公司

图书在版编目（CIP）数据

青少年沟通心理学：这样说孩子才会听 / 刘高峰，苟永霞编著. -- 北京：中国纺织出版社有限公司，2025.7. -- ISBN 978-7-5229-2299-7

Ⅰ．C912.11

中国国家版本馆CIP数据核字第2024ND1597号

责任编辑：刘梦宇　　责任校对：王蕙莹　　责任印制：储志伟

中国纺织出版社有限公司出版发行

地址：北京市朝阳区百子湾东里A407号楼　邮政编码：100124

销售电话：010—67004422　传真：010—87155801

http://www.c-textilep.com

中国纺织出版社天猫旗舰店

官方微博 http://weibo.com/2119887771

北京通天印刷有限责任公司印刷　各地新华书店经销

2025年7月第1版第1次印刷

开本：710×1000　1/16　印张：14

字数：155千字　定价：49.80元

凡购本书，如有缺页、倒页、脱页，由本社图书营销中心调换

前言

随着新生命降临,年轻的夫妇自然升级成为父母。他们目不转睛地看着眼前粉雕玉琢的生命,小心翼翼地抱起柔弱的孩子。这一刻,他们对于这个孱弱的生命充满了深沉的爱,甘愿付出一切去爱他。然而,随着孩子渐渐长大,父母发现孩子越来越不听话,在很多事情上的表现也总是让父母抓狂,为此他们难免责怪孩子、埋怨孩子,甚至与孩子心生嫌隙。从心理学的角度来说,任何形式的家庭教育都要以良好的亲子关系和顺畅的沟通为前提,而沟通则是建立和维持良好亲子关系的必要条件。由此可见,作为父母,用语言打动孩子的心,把话说到孩子的心里去,是很重要的基本功。

看着孩子一天天长大,父母固然满心欢喜,却也由此生出了很多烦恼。原来,孩子并不像父母所设想的那样出类拔萃、卓尔不凡。事实证明,大多数孩子是平凡且普通的,既没有过人的天赋,也没有超出常人的能力。为此,对于大多数父母而言,最大的挑战不是生育孩子的痛苦,也不是养育孩子的艰难,而是接受孩子的平庸,无条件地接纳孩子的不完美,发自内心地始终爱着孩子。

很多父母抱怨孩子从不知道父母爱他们有多深,实际上很多父母也不知道孩子有多么依赖和信任父母。小时候,孩子对父母言听计从。即使进入青春期,孩子自我意识觉醒,渴望独立,也依然信赖父母,以父母的评价为依据进行自我评价,衡量自身的能力和水平。因此,哪怕父母只是无心说出一句否定孩子的话,也会在孩子的心中掀起惊涛骇浪,让孩子忍不住质疑自己。还有些父母对孩子提出过高的要求,打击孩子的自信,让孩子产生挫败感。其实,孩子从来无须肩负起父母的人生理想和愿望。孩子尽管因为父母来到这个世界上，但是他们既不属于父母，也不依附于父母，他们理应创造属于自己的美好人生。

　　当孩子进入青春期，很多父母依然对孩子采取高压政策，以强制手段要求孩子做不想做的事情。长此以往，孩子必然反抗父母，由此导致亲子关系剑拔弩张，感情濒临破裂。明智的父母会跟紧孩子成长的脚步，与时俱进地给予孩子自由的成长空间，也发自内心地尊重孩子、平等地对待孩子。如果孩子无须与父母针锋相对就能得到想要的自由，那么他们还有何必要与父母作对呢？所谓的"母慈子孝，父慈子孝"能否变成现实，在很大程度上取决于父母对待孩子的态度、与孩子说话的方式、与孩子沟通的结果。

　　从现在开始，父母要坚持正面管教，以积极的方式与孩子沟通。在亲子沟通中，父母占据主导地位，因而与其抱怨孩子不听话、不懂事，不如先改变自己的表达方式，真正把话说到孩子的心里去。这就是沟通的艺术，也是亲子相处的门道。

编著者
2023年12月

目 录

01 第一章
坚持自我管理，做情绪稳定的父母 001

消除控制欲，减少愤怒　003
摆脱原生家庭的负面影响　006
不要把孩子当成出气筒　010
尊重孩子，才能赢得孩子的尊重　014
不要把坏情绪带回家　018
适度期望孩子　021
拒绝冷漠，让孩子感受家的温暖　024
杜绝家庭暴力，避免给孩子留下心理创伤　027

02 第二章
贯彻正面管教，以积极的亲子沟通搭建爱的桥梁 029

勇敢表达爱，营造充满爱的家庭氛围　031
和孩子一起制定规矩　035
精准表达，避免误解　039
不粗暴，以自然结果惩罚　043
不唠叨，避免超限效应　047
要建议，不要命令　051
善于讲故事，教育事半功倍　055

| 温柔坚定，让拒绝水到渠成　058

03 第三章
掌握沟通技巧，以非暴力沟通打开孩子心扉　063

　　远离语言暴力，让家不再伤人　065
　　不吼不叫，孩子才会听话　069
　　不否定不贬斥，看到孩子的进步　073
　　不威胁不恐吓，让孩子有安全感　077
　　与孩子对视，真正看见孩子　081
　　常常拥抱孩子，感情是沟通的基础　085
　　学会倾听，倾听才是沟通的第一步　088

04 第四章
赞美与批评，教育孩子要奖惩适度　093

　　赏识教育，培养孩子的自信　095
　　慷慨表扬，发现孩子身上的闪光点　098
　　适度赞美，坚持合理赏识孩子　102
　　具体赞美，让赞美更贴合实际　105
　　不要当众批评孩子　109
　　就事论事，教育孩子不揭短　113
　　把握时机，批评才有效果　116
　　"三明治"批评法，保护孩子自尊　119

目录

05 第五章
成绩与情绪，解决孩子的成长难题　　123

- 激发孩子学习的内部驱动力　　125
- 激励孩子迎难而上　　129
- 帮助孩子戒掉拖延，建立学习秩序　　133
- 引导孩子处理好异性关系　　137
- 学会比较　　141
- 适度上网，防止成瘾　　145
- 面对霸凌，教会孩子勇敢面对　　149

06 第六章
共鸣与共情，接纳孩子才能引导孩子　　153

- 安慰，让孩子不再难过　　155
- 鼓励，让孩子不再悲观　　159
- 理解，让孩子不再委屈　　162
- 肯定，让孩子释放热情　　166
- 换位思考，让孩子不再叛逆　　170
- 引导宣泄，让孩子不再愤怒　　174
- 坚持原则，让孩子不再要赖　　178

07 第七章
坚定与平和，消除孩子成长中的困惑　　183

- 犯错误，是成长的重要方式　　185

谁说孩子有泪不轻弹　188
不催促孩子，让孩子慢慢来　192
人无完人，接纳孩子的不完美　196
穷养还是富养，这是个问题　200
面对婚姻变故，要安抚好孩子　204
不容忽视的生命教育　209

参考文献　215

01 第 一 章

坚持自我管理，
做情绪稳定的父母

Communication Psychology

消除控制欲,减少愤怒

做一个情绪稳定的人,并不是一件简单或者容易的事情。尤其是做情绪稳定的父母,更是难上加难。很多父母缺乏情绪控制力,在养育孩子的过程中常常大吼大叫,甚至行为失控,这些表现都会使孩子感到胆战心惊,失去安全感,也会对孩子的性格养成和思维习惯的形成造成不可挽回的负面影响。

在很多家庭里,父母之所以会暴怒,恰恰是因为他们有很强的控制欲,常常试图严格地控制孩子的行为,苛求孩子无条件服从父母,表现出乖巧听话的模样。**控制型父母理所当然地认为孩子必须听话,否则就是忤逆父母,挑战父母的权威**。在有控制型父母的家庭里,父母绝不允许孩子顶撞父母,违背父母的意愿,更不允许孩子有独立的思想和行为。每当孩子对父母的指令或者命令表示不满或者抗拒时,父母就会给孩子贴上"不听话"的标签,而且会对孩子的行为举止表示极其失望,由此怒气冲天。

对于控制型父母而言,他们最喜欢做的事情就是打着为孩子好的旗号,强求孩子无条件服从父母,也就是以爱孩子为借口,对孩子提出各种苛刻的要求。殊不知,父母嘴上在说为孩子好、爱孩子,实际上却是在宣告自己作为父母拥有对孩子至高无上的权力,也是在暗示孩子"你不能离开我的身边,否则你就无法生存下去,更别说做什么事情了"。**长期生活在控制型父母身边,孩**

子很可能会走向两个极端，或者因为受到父母的严格控制而变得唯唯诺诺，凡事都不假思索地服从父母，或者在内心深处始终抵触和抗拒父母，所以负面情绪一直在心中累积和发酵，直到最终爆发对父母的不满，导致亲子关系急转直下，急速恶化。

作为控制型父母，要认识到自身的局限性，知道自己即使把所有自认为好的都强加给孩子，也未必能满足孩子真正的需求，更未必能成为真正优秀的父母。举个简单的例子，每到夏末秋初，很多父母迫不及待地要求孩子穿上秋装，生怕孩子着凉，实际上青春期孩子运动量大，身体充满活力，因而并不像父母那么怕冷。还有些父母总是给孩子精心准备丰盛的餐食，也要求孩子大快朵颐，而忽略了孩子很可能想要减肥，以保持苗条匀称的身材，或者忽略了孩子最近胃口欠佳，并不想摄入过多食物。

人具有强烈的主观性，每个人都有自身的局限性，控制型父母也是如此。很多控制型父母自以为是，没有认识到自身的局限性，因而总是强求孩子服从父母的命令，或者不择手段地试图控制孩子。这都是不利于孩子成长的。

明智的父母不会侵犯孩子的心理边界，即使爱孩子，也会保持合适的度，尊重孩子的心理需求和情感需求。随着孩子不断成长，他们还会给予孩子更大的自由空间，让孩子有机会做出自主选择，从而培养孩子的判断力和甄别能力，也让孩子形成独立思考的好习惯，拥有与众不同的见解。

从现在开始，控制型父母要改变与孩子沟通的方式，以尊重和平等的态度，真诚地与孩子沟通。**父母要记住，最重要的不是告诉孩子如何去做，而是询问孩子真实的感受，了解孩子真实的想法。**父母要以认可孩子的付出和努力为前提，向孩子表达内心的期望，这样既能缓解孩子的压力，也能激发孩子的潜力。

在很多家庭里，父母固然能做到心平气和地对待孩子，也能苦口婆心地教育孩子，但是他们却走向了另一个极端，即总是当着孩子的面诉苦，诉说自己养育孩子付出了多少努力，为了给孩子提供更好的成长条件，又多么拼。长此以往，孩子就会对父母形成亏欠感，心怀愧疚。如果说那些情绪暴躁的父母是用恶言恶语捆绑孩子，那么这些苦口婆心的父母则是在用感情要挟孩子。这同样是对孩子的情绪控制和情感控制。很多孩子从小就试图回报父母的付出，因而内心压抑且沉重，成长的过程中很少感到快乐与轻松。

总之，父母要认识到，孩子虽然因为父母才来到这个世界上，但是他们既不是父母的附属品，也不是父母的私有物，而是独立的生命个体。父母既不要控制和命令孩子，也不要以爱的名义迫使孩子臣服，更不要给爱加上各种附加条件。

小贴士

真正的爱应该是无私的，不会以任何形式给孩子带来压迫感。父母既要爱孩子，也要放手让孩子做自己，更要用语言表达对孩子的爱，给予孩子足够的安全感。随着对孩子的控制欲渐渐降低，直至把孩子视为平等独立的个体，父母既能消除内心深处的愤怒，保持愉悦的情绪，又能给予孩子自由的爱，为孩子营造充满民主、平等、安全的家庭氛围。

摆脱原生家庭的负面影响

在漫长的生命旅程中,每个人都有两个家,一个是从小生活的原生家庭,里面有爸爸妈妈,还有兄弟姐妹,或者其他家庭成员。另一个是长大成人之后组建的自己的小家,在这个小家里,我们和心爱的人成为爸爸妈妈,为共同的孩子支撑起人生的一片天地。

说起原生家庭,很多人即使已经成年,却依然记得自己在成长过程中经历的各种不愉快和各种伤心事。为此,他们暗暗告诫自己:等到有朝一日有了自己的家,也开始为人父母时,我们千万不能和自己的爸爸妈妈一样。遗憾的是,大多数人在真正从孩子变成父母之后,都忘记了曾经对自己的告诫,而是在不知不觉间活成了父母的模样,也模仿父母的样子养育自己的孩子。这就是原生家庭对孩子形成的负面影响,甚至会持续到孩子成年之后,影响孩子成为怎样的父母。

心理学家经过研究发现,在酗酒者家庭里,孩子长大之后或者像酗酒的爸爸或者妈妈一样嗜酒如命,或者会寻找酗酒者作为人生伴侣,他们之中只有极少数人能够远离酗酒者,拥有健康的人生和正常的家庭。在一些父母有暴力倾向的家庭里,孩子小小年纪就会表现出暴力倾向,这是因为他们目睹父母的暴力行为,必然在心中留下深刻的印象,也会于无形中学着父母的样子,试图用暴力解决问题。**每个人在小时候得到了父母怎样的对待，在长大成人之后就会试图以同样的方式对待自己的孩子，有的时候，他们甚至没有意识到自己是在重蹈父母的覆辙，也不曾从年幼无助的孩子身上看到自己的影子。**这是因为影响往往是在不易觉察的情况下发挥作用的，所以很难避免。

　　从小，安静就因为爸爸酗酒而备感痛苦，也很自卑。爸爸经常喝得酩酊大醉，失去理智，甚至连安静都不认识了。有一次，爸爸还把妈妈误认作他的仇人，拼命殴打妈妈。看到妈妈遭受家庭暴力，安静吓得魂飞魄散，当即飞奔到邻居家里求救。随着安静渐渐长大，她最大的愿望就是离开这个家，再也不回来，因为爸爸不但喝醉酒如同魔鬼，平日里性格也很暴躁，动辄暴跳如雷。

　　然而，自从安静记事起，妈妈就常常在安静面前唠叨："安静，我都是为了你，才能不断忍受这样的折磨。要不是因为有了你，我早就离婚远走高飞了。"安静稚嫩的心里背负着沉重的负担，她认为自己是造成妈妈一生不幸的罪魁祸首。后来，安静终于没有远走高飞。因为惦记妈妈，对妈妈心存愧疚，所以她在大学毕业后回到家乡，成了一名老师。很快，她就按部就班地恋爱、结婚、生子，小家距离父母的家很近，方便她时常回家看望妈妈。一直以来，安静都没有意识到自己性格暴躁，因为丈夫很宠爱她，处处让着她。但是，随着孩子进入青春期，不再像小时候那样对安静言听计从，时常与安静爆发争执，安静越来越感到苦恼。这个周末，看到孩子磨磨蹭蹭一直没有完成课外作业，安静忍不住大发雷霆，冲着孩子大吼大叫道："你怎么回事，这么点儿作业都没有完成！我怎么生了你这样不争气的孩子，你知不知道我为你付出多少！"孩子也歇斯底里地对安静喊道："你就是个疯子，神经病，我真倒霉有你这样的妈妈。你不是讨厌外公吗？我告诉你，你比外公更讨厌。别人家的孩子也是妈妈养大的，他们的妈妈怎么就不总是说付出多少呢？我让你生我的吗？是你自己要生我的。"

听着孩子的话句句扎心,安静伤心极了。丈夫赶紧安排孩子先去姥姥姥爷家,自己则留在家里安慰安静。看到安静的情绪恢复平静,丈夫小心翼翼地说:"静儿,其实有几句话我早就想对你说了。你看,为人父母是咱们的责任,咱们不能总是强调咱们的付出,毕竟养孩子是咱们自己的选择,也是咱们心甘情愿的。我记得有位心理学家说过,父母不要培养出有亏欠感的孩子,否则孩子会很不快乐。这么多年,你不是也一直因为感到亏欠妈妈而活得不开心,对不对?"后来,丈夫还把一本关于原生家庭的书拿给安静看,他想帮助安静治愈内心的小孩。因为在丈夫的陪伴下接受心理疏导,安静终于放下了心中一直以来的疙瘩,也知道了作为父母该如何爱孩子。

在这个案例中,作为酗酒者的子女,安静既对爸爸的酗酒行为和暴力倾向印象深刻,也始终被妈妈的亏欠感教育所捆绑和束缚。正因如此,在面对自己的孩子时,她虽然不酗酒,但是情绪暴躁,言辞激烈,而且她还常常对孩子诉苦,试图用感情捆绑孩子。无疑,安静受到了原生家庭的负面影响,无形中把原生家庭里糟糕的相处模式和教育模式投射到孩子身上。幸好安静有一个身心健康的丈夫,所以能觉察到问题,也能始终以温暖包容的爱疗愈安静受伤的心灵。

<u>作为父母,一定要避免因为受到原生家庭的负面影响,就在不知不觉间沿用错误的教育理念和相处模式,导致自己的小家庭也变得异常。</u>英国大名鼎鼎的关系精神分析学家奥利弗·詹姆斯提出,每个新生命从呱呱坠地起就要迎合父母,以便获得父母的爱,得到物质上的满足,以维持生存。为了实现这个目的,很多孩子选择以最简单便捷的方式讨好与迎合父母,即复制父母的言行举止。在家庭教育中,父母正是通过言传身教潜移默化地影响孩子,也会通过身份认同机制对孩子施以影

响。所谓身份认同，指的是孩子模仿父母的言行举止，因为爱父母，而愿意成为和父母一样的人，或者因为恐惧，而想要变得与父母一样，得到父母的接纳和认可。从这个意义上来说，在原生家庭中，父母对孩子的影响是极其深远的，很多负面的影响甚至会改变我们的性格，被我们带到属于自己的家庭里，继续影响下一代。

作为父母，我们不必把一切错误都归咎于原生家庭，因为在成年之后，我们具有了一定的判断能力和自我省察能力，又因为接受了一定程度的教育，积累了更加丰富的社会经验，所以完全可以抓住各种适宜的机会重塑自己的性格、言行，构建属于小家庭的生活模式与教育模式。

小贴士

越是意识到原生家庭的不幸，我们越是要主动反思，深刻反省，从而减轻或者消除原生家庭带来的负面影响。当然，幸福的原生家庭也会让我们感到放松、幸福和快乐，那么不妨借鉴原生家庭的成功之处，为经营小家庭的生活助力。

不要把孩子当成出气筒

人是情绪动物，很容易受到情绪的影响。**情绪好与不好时，看同一个人或者同一件事会有不同的感受**。现实生活中，很多人都有过这样的亲身经历，即心情好时看什么都顺眼，心情不好时看什么都碍眼。在家庭生活中，作为父母的成年人常常会遇到烦心事，每当心情不好时，很容易迁怒于孩子。

首先，夫妻关系紧张，面临离婚的时候，父母很容易迁怒于孩子，使无辜的孩子受到婚姻关系破裂的牵连。有些夫妻尽管关系疏远，但是因为各种各样的原因而勉强维持着婚姻关系；有些夫妻之间的感情彻底破裂，哪怕为了孩子，也无法继续维持下去，这就面临着离婚。可想而知，在这两种婚姻关系中，夫妻之间已经爆发了不可调和的矛盾和冲突，很容易反目成仇。其实，哪怕是在正常的婚姻关系中，夫妻之间也会因为各种原因而产生分歧，爆发矛盾，或者发生冲突。尽管人们常说，夫妻床头吵架床尾和，但是也不排除有些夫妻时常陷入冷战之中，还会因为激烈争吵而牵连孩子。有些父母缺乏情绪控制力，一想到要顾及孩子无法当机立断结婚，或者有些父母争吵的根源就是孩子表现不好、学习欠佳等，就更容易把战火蔓延到孩子身上。当被父母当成出气筒时，孩子就会受到严重的心理创伤，很难愈合。**有些孩子直至成年之后依然疏远父母，就是因为他们始终记得父母对着他们无端撒气的情形。**

最近，小雅每天傍晚放学回家都提心吊胆的，生怕又被妈妈骂。原来，妈妈自从发现爸爸出轨之后，和爸爸闹得不可开交，却无法让爸爸回心转意，因此就把怒气撒到小雅身上。妈妈不止一次对小雅说："小雅，怪就怪你是个女孩，你爸爸可是重男轻女，做梦都想要个儿子。他几次三番让我辞掉教师的公职，给他生儿子，这怎么可能呢！要知道，靠谁都靠不住，工作可是我这一辈子的饭碗啊。你要是个男孩就好了，你爸爸就不会出轨了。我知道，他就是想生个儿子。你说你怎么就是个丫头呢！"

妈妈的话仿佛刀子一样扎到小雅的心里。小时候，小雅的确抱怨自己是女孩而不是男孩，也责怪自己牵连妈妈遭到爸爸抛弃。随着自己渐渐长大，已经是大姑娘的小雅开始对妈妈产生不满，她想不通妈妈作为新时代的知识女性，为何能这样忍气吞声，容忍爸爸出轨，而且还把爸爸出轨归咎于她是女孩呢！小雅认为妈妈愧为教师，居然连这么简单的道理都不懂。如今，爸爸正准备与妈妈离婚，妈妈就更是看小雅不顺眼，张口闭口都要向小雅抱怨了。小雅只能躲着妈妈，尽量避免和妈妈见面，就连吃饭都是狼吞虎咽，尽快吃完，然后赶紧躲到自己的小房间里。

在这个案例中，妈妈显然对小雅很不公平。

生男孩还是生女孩，都是夫妻爱情的结晶，都理应得到父母的关爱与呵护。作为新时代的知识女性，妈妈经济独立、精神独立，要勇敢捍卫自己的权利和利益，而不要被丈夫挑剔与苛责，更不能责怪小雅是女儿而非儿子。长此以往，小雅必然从同情妈妈到责怪妈妈、疏远妈妈。如果妈妈不能及时改变对待小雅的态度，也处理不好和爸爸的婚姻问题，那么就会给小雅带来更严重持久的负面影响。

还有些家庭中，妈妈因为婆媳关系不和，迁怒于孩子。在婚姻关系中，有些女性作为儿媳妇，无法处理好与婆婆的关系，导致情绪不佳，就会无意间迁怒于孩子。有些妈妈还会故意当着婆婆的面呵斥孩子、打骂孩子，试图以这样的方式向婆婆宣示主权，或者发泄不满，这都会给孩子带来伤害。

有人说，妈妈的情绪就是家庭生活的"晴雨表"。作为妈妈，一定要调整好情绪，切勿因为夫妻关系、婆媳关系等问题，而对孩子发泄怒气。孩子还无法理解成年人之间复杂的关系，妈妈要学会把孩子与这些琐碎的烦恼隔绝开来，也切勿教唆孩子不尊重长辈。**妈妈一定要保护好孩子，孩子才能健康快乐地成长。**

还有些父母把工作中的烦恼带回家里，对孩子感到厌烦，忍不住呵斥孩子。毫无疑问，现代社会中，大多数成年人都承受着巨大的生存压力，既要养家糊口，教育孩子，也要做好工作中各种各样的事情，争取获得一些成绩。尤其是在家庭生活遭遇困境、工作中遇到障碍的情况下，各种压力更是会如同潮水般涌来，使人感到无法喘息。近些年来，网络上经常会有一些视频，内容是关于成年人瞬间崩溃的，由此可见成年人的生活里从来没有"容易"二字。**即便如此，作为成年人，也不要把生活中的烦恼带回家里，更不要因为心烦意乱就训斥孩子。**

有些父母还会把孩子视为生活压力的根源和烦恼的源泉，其实这样的想法对孩子极其不公平。不可否认的是，所有的父母为了养育孩子，给孩子提供良好的成长条件，都要拼尽全力争取做到更好。因为，这是父母的责任和义务，是每个成年人从决定要孩子那一刻起理应承担的重担。所以，**父母要摆正心态，心甘情愿为孩子付出，而不要抱怨孩子增加了父母的负担。** 否则，如果父母总是抱怨孩子，不愿意为孩子付出，那么孩子就会对父母产生亏欠感，也会因此而失去快乐。

作为父母，既然切身感受到成年人生活的压力，那么就要更加努力，全力拼搏。与此同时，父母还要设身处地为孩子着想，感受到小小的孩子也承受着压力，例如，学习的压力。因而，**父母不要把成年人的压力转嫁到孩子身**

上，更不要因为成年人的烦恼就向孩子发泄愤怒和不满。

当觉察到自己无法控制负面情绪时，父母切勿不耐烦地训斥孩子："滚一边去，别惹我，我正烦着呢！"而是应该尽量平静地告诉孩子："宝贝，我在工作上遇到一点儿麻烦事，必须马上处理好，你先去做自己的事情，等我处理完工作，心情好点儿了，我就去找你，好吗？"当父母这么说，孩子一定能理解父母的辛苦，说不定还会安抚父母。父母要给予孩子积极的回应，这样孩子才会更爱父母，也感受到父母的辛苦，更主动地亲近父母。

小贴士

总之，在亲子关系中，父母是主导者，因而要发挥主导作用，这样才能营造良好的家庭氛围，建立起更亲密无间的亲子关系，为顺畅高效的亲子沟通奠定基础。

尊重孩子，才能赢得孩子的尊重

随着孩子进入青春期，越来越多的父母发现亲子沟通面临前所未有的困境。有的时候，父母小心翼翼地说话，孩子却情绪激动，反应激烈。正所谓，说者无意，听者有心。父母忍不住感慨，当孩子还小时，虽然需要辛苦地照顾孩子的吃喝拉撒，但是孩子听话懂事惹人疼。现在，孩子虽然长大了，但是越来越叛逆，凡事都与父母较劲，更是一言不合就与父母针锋相对。父母要知道，这正是孩子成长的表现。如果孩子总是如同小时候一样对父母言听计从，那么父母反而需要担心孩子为何不能独立思考，为何没有自己的主见了。

父母之所以与青春期孩子的关系剑拔弩张，主要是因为父母没有跟上孩子成长的脚步，没有发自内心地尊重和平等对待孩子。 进入青春期，孩子的身体快速发育，在短短几年的时间里，身形就接近成年人，这使孩子迫不及待想要证明自己已经长大了。与此同时，孩子的心智发育速度相对缓慢，所以孩子心智发育还不成熟，还需要依赖父母。这就使孩子陷入矛盾状态，一则在身体和力量方面接近成人，二则在心智方面略显幼稚，这使他们渴望得到父母的尊重，得到父母的平等对待，也需要得到父母的帮助和扶持。为此，父母要跟紧孩子成长的脚步，既要给予孩子更大的自由空间和更多的选择权利，也要当好孩子的监护人，守护孩子的成长。**简而言之，陪伴青春期孩子成长，父母要知**

进退，这样才能让孩子感到自由舒适，也获得满足感和成就感，此外还能与孩子建立良好的亲子关系，得到孩子的信任。

每当看到青春期孩子逞强，又亲眼见证青春期孩子吃到苦头，很多父母当即就会挖苦、嘲讽孩子。这一点是孩子无法容忍的。青春期孩子自尊心很强，最渴望得到父母的尊重，一旦被父母挖苦和嘲讽，他们的自尊心就会受到伤害，也会因此怨恨、疏远父母。作为父母，切记以尊重孩子作为亲子关系相处的大前提。

在八年级上学期的期中考试中，张弛破天荒地考了班级的第一名，比上一次考试提升了十几个名次。看到张弛的成绩，妈妈先是表扬张弛进步很大，继而提醒张弛一定不要骄傲，而是要再接再厉，争取保持成绩稳定。对于妈妈的叮嘱，张弛不以为然地说："妈妈，我这是第一次考第一名，你就不要说丧气话了，要相信我的实力。"看到张弛志得意满的样子，妈妈默默想道：孩子啊，你且等着看下次考试吧，骄兵必败，这可是老祖宗留下的训诫。

在接下来的时间里，妈妈看到张弛疏忽学习，也从来不提醒张弛要继续努力。就这样过了一个多月，到了月考，张弛的成绩遭遇了滑铁卢，居然考到了班级二十多名。看到这样的成绩，张弛不等妈妈训斥就赶紧夹起尾巴，得知成绩的当天晚上就开始发愤图强。妈妈可不想放过这个机会教育张弛，特意来到张弛的房间，对张弛说："看看吧，上次我就提醒你要继续努力，你偏偏得意忘形。事实证明，骄傲使人退步，虚心使人进步。接下来，你知道该怎么办了吧。"张弛以挑衅的语气说道："接下来我要继续骄傲，等我考到倒数第一名，你就会知道我每次都在进步了。"妈妈被张弛气得直翻白眼。这时，爸爸赶紧说道："张弛，考试成绩出现波动属于正常现象，你只要继续保持努力就好，爸爸相信你。"张弛这才破涕为笑，又开始认真复习了。

在这个案例中，妈妈看到张弛因为骄傲而成绩退步，当即抓住机会讽刺张弛。其实，张弛已经意识到问题所在，妈妈最该做的是鼓励张弛，让张弛重拾信心，鼓足勇气弥补不足。妈妈的挖苦讽刺让张弛更加叛逆，幸好有爸爸表达对张弛的信任，缓和了尴尬的气氛。

作为父母，哪怕孩子因为不听父母的劝告而吃了眼前亏，也不要对孩子落井下石。**越是在困难的时刻，孩子越是需要得到父母的鼓励和支持**。俗话说，良言一句三冬暖，恶语伤人六月寒，正是这个道理。明智的父母会对孩子雪中送炭，让孩子感受到父母的尊重和信任，这样孩子才愿意尊重和信任父母。此外，因为有了父母作为强大的后盾，孩子在面对困境的时候才会有信心和勇气，也才能迎难而上，无所畏惧。

有些父母习惯于用挖苦讽刺的语言和孩子沟通，还会不合时宜地对孩子使用激将法。这些都会导致孩子陷入自卑的情绪泥沼，失去上进的欲望和动力。**当孩子取得进步时，父母一定要及时认可孩子、鼓励孩子，这样才能让孩子燃起斗志，勇往直前**。否则，父母的挖苦和讽刺会如同一盆冷水浇灭孩子的热情，让孩子心灰意冷，放弃努力。孩子正处于身心发育的关键时期，既需要获得充足的营养供给身体发育，也需要父母的好言好语提供精神和情感支持。有些孩子缺乏自我评价能力，往往会把父母的评价作为自我评价，而父母尖酸刻薄的语言给他们的内心留下了难以愈合的伤痕，甚至还会超出他们的心理承受能力，使他们不堪忍受。有些孩子长期被父母嘲讽，因而变得特别叛逆，故意自我放弃，破罐子破摔，使自己的行为表现符合父母的负面评价。显然，这就导致父母"搬起石头砸自己的脚,聪明反被聪明误"。

小贴士

总之,父母既要尊重孩子,也要诚恳地与孩子交流,这样才能构建良好的亲子沟通模式,也有助于维持和谐的亲子关系。

不要把坏情绪带回家

成年人的生活里从来没有"容易"二字。有一位父亲工作中出错，当众受到了老板严厉的批评，他窝着一肚子火回到家里。看到孩子正把沙发当成蹦蹦床，在沙发上跳来跳去，父亲怒气冲天，狠狠地骂了孩子。孩子无缘无故遭到父亲的责骂，原本欢呼雀跃的心情仿佛被泼了一盆冷水。他无处撒气，扭头看到肥胖的猫儿正躺在沙发旁边的地上打滚，因而抬起脚踢了猫儿。猫儿猝不及防受到攻击，感到疼痛，当即从地上一跃而起，逃窜到街道上。这个时候，一辆汽车疾驰而来，为了避让突然窜出的猫儿，司机急打方向盘，却撞伤了正在路边行走的孩子。

这就是心理学领域的"踢猫效应"。它告诉我们坏情绪会在人与人之间传染，使人陷入恶性循环之中，导致严重的后果。<u>现实生活中，很多家庭里都在上演踢猫效应，究其原因，是父母没有界定好工作与生活，因而把工作中的坏情绪带回家里，发泄到孩子身上。</u>

每天晚上，孩子遇到不会做的题目就会求助父母。如果父母心情好，那么就能耐心给孩子解答。反之，如果父母心情不好，那么很有可能责怪孩子总是这道题目也不会，那道题目也不会，还会质疑孩子在学校里是否认真学习了。孩子无缘无故遭到父母的责骂，自然情绪低落，导致思维更加混乱，不能保证作业的质量。有些孩子还会把在学校里遇到的不愉快的事情讲给父母听，想要得到父母的帮助或者指导。结果，父母感到十分厌烦，斥责孩子不懂得与同学友好相处，还会责怪孩子总是招惹麻烦。长此以往，孩子不愿意再向父母倾诉，也会于无形中疏远父母，导致亲子关系生疏，亲子感情冷漠。

为了从根源上解决这个问题，父母一定要有意识地区分工作与生活，也明确界定工作与生活。 不可否认的是，父母承受着巨大的生存压力，常常会因为工作辛苦而把怨愤等坏情绪带回来，还会无法控制自己，朝着家人发泄坏脾气。殊不知，坏情绪就像是核弹一样威力无穷，很容易形成负能量场，感染身边的人。青春期孩子心思单纯，情绪敏感，他们最亲近和信任的人就是父母，所以很容易受到父母情绪的传染和负面影响。在家庭生活中，如果父母总是表现出坏情绪，那么孩子的身心发展就会受到负面影响，孩子自身的情绪也会长久地处于负面状态。

要想杜绝把坏情绪带回来，父母就要彻底改变回家的状态，即不再愁眉苦脸或者满腹心事地回家，而是高高兴兴、心情轻松地回家。

──★

情形一：

傍晚，爸爸愁眉苦脸地回到家里。孩子正好遇到一道不会做的题目，因而拿着题目求教爸爸。爸爸厌烦地对孩子说："你怎么总是需要帮助呢？这些题目都是老师讲过的，你上课要认真听讲，回家才能顺利完成作业。你把题目空起来吧，明天老师批评你，你就会长记性了。"孩子失落地回到房间，对着题目苦思冥想，又担心自己次日会被老师批评，就连吃晚饭都心不在焉，一点儿胃口都没有。

情形二：

傍晚，爸爸满面笑容地回到家里。得知孩子需要求助，爸爸耐心地拿起题目认真研究，然后和颜悦色地对孩子说："这道题目要用到你们今天学习的知识，这样吧，我们一起来思考，好不好？"孩子当即点点头。爸爸先是带着孩子一起复习了当日所学的知识，又引导孩子列举题目给出的已知条件，启迪孩子进行有深度的思考。结果，讲解过程才进展过半，孩子就恍然大悟地喊道："爸爸，我会了，我会了！你不用讲了，我做完拿给你看。"说完，孩子兴致勃勃地拿着书本和作业本回到房间，很快又拿着完成的作业给爸爸检查。爸爸高兴地点头，孩子还主动把解答过程讲给爸爸听呢。

在上述两种情形中，可想而知，第二种情形更有利于激发孩子的学习兴趣，保持孩子对于学习的好奇和热情，也有助于建立和维持良好的亲子关系。两种情形的结果之所以不同，是因为爸爸带着不同的情绪回家，所以以不同的方式对待孩子的求助。

每个父母不管在工作中遇到了多少麻烦，都要在进入家门之前彻底斩断负面情绪的传递链，把所有的烦恼都留在家门以外的地方，而只带着积极愉悦的情绪回家。

小贴士

每个父母都要坚持管理好自己的情绪，做情绪稳定的父母，这样才能为孩子营造安全愉悦的家庭氛围，促进孩子身心健康地成长。此外，做情绪稳定的父母还能给孩子树立好的榜样，以潜移默化、言传身教的方式教会孩子处理情绪，这将会使孩子受益终身。

适度期望孩子

如今，很多父母都对孩子怀有过高的期望，他们把成年人生活中的压力转嫁到孩子身上，生怕孩子将来无法适应社会生活，因而恨不得当即把孩子培养成出类拔萃的人才。殊不知，孩子的成长有其节奏和规律，父母不能揠苗助长，更不能以简单粗暴的方式推动孩子成长。**父母要跟上孩子的成长节奏，对孩子进行的教育要符合孩子的成长规律，这样的教育才能事半功倍，否则只会导致事与愿违。**

一直以来，妈妈都对浩然寄予了很高的期望。她常常对浩然说："浩然，我和爸爸都是名校毕业的高材生，你有我和爸爸的优良基因，在学习上一定会特别突出，成绩优秀。"为此，妈妈早早为浩然报名参加各种补习班，让浩然既有学习的天赋，又能抢先领跑。遗憾的是，浩然在学习方面的表现让妈妈很失望，他在班级里只能排名中等。

尤其是在升入初中之后，浩然在数学学习方面的劣势更是凸显出来。在八年级的一次大考中，浩然的数学只考了九十几分。妈妈看到数学试卷，当即火冒三丈，歇斯底里地对浩然喊道："浩然，满分120分的试卷，你只考了90多分，你对得起我和爸

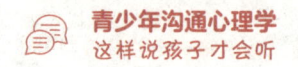

爸的优良基因吗？我看你是无药可救了，我简直怀疑你是不是我们的儿子！"听着妈妈的话，浩然的眼泪簌簌而下。他哭着说："我已经尽力了，我也想考出好成绩。但是，我不知道这是怎么回事！"

作为名校毕业的高材生，妈妈想当然地认为浩然理应继承她和爸爸优良的基因，成为人人羡慕的学霸。然而，理想总是丰满的，现实总是骨感的。事实证明，就算爸爸妈妈都曾经是学霸，孩子也未必能成为学霸。显而易见，对于高材生父母而言，最大的挑战就是接受孩子在学习方面资质平庸的现实，也能降低对孩子的期望，继而对孩子提出合理的要求。在上述案例中，如果妈妈继续过高地期望浩然，总是口不择言地挖苦讽刺浩然，那么浩然很有可能变得叛逆，索性破罐子破摔，不再努力。**作为父母，要看到孩子的努力和付出，也认可和鼓励孩子，这样才能帮助孩子始终保持良好的状态，也一如既往地刻苦学习。对于成长而言，坚持努力，积极向上，这才是最重要的。**

很多父母都对孩子恨铁不成钢，因而责骂孩子，无形中对孩子施加语言暴力，伤害孩子稚嫩敏感的心灵。有的时候，父母一句无心的话，就会给孩子的心灵留下难以消除的伤害。与此同时，当父母总是过高期望孩子，对孩子提出不切实际的要求，那么孩子会因为缺乏自我评价的能力，丧失自我认同感，因而轻视、贬低自己。

具体来说，父母要无条件接纳孩子，认可孩子的现状；父母要认识到孩子是独立的生命个体，因而不要把自己未完成的梦想强加于孩子；父母要看到孩子的闪光点，认识到孩子的不足，帮助孩子扬长避短。**简而言之，父母唯有客观认识孩子，全然接纳孩子，才能以孩子的实际状况为前提，结合孩子的兴**

趣与愿望，对孩子提出适度的期望与合理的要求。

孩子的成长不是一蹴而就的，而是一个漫长的过程，需要父母和孩子共同努力，齐心协力，才能渐渐接近目标。在过高的期望下，孩子一直努力，却始终无法接近目标，渐渐地就会产生自我怀疑，丧失自信和勇气。

小贴士

只有适度的期望，才能让孩子在努力之后接近目标，获得成就感，形成自信，进入良性循环的状态。

拒绝冷漠，让孩子感受家的温暖

有人说，家是讲爱的地方，不是讲理的地方，的确如此。<u>在家庭生活中，父母要营造温暖有爱的家庭氛围，而不要总是冷漠地处理家人之间的关系，否则，家就会失去温度。</u>从心理学的角度来说，冷漠就是轻视、冷淡、放任自流、漠不关心和疏远，这必然使他人在心理上和精神上深受伤害，属于精神暴力的范畴。从某种意义上来说，精神暴力比行为暴力给人带来的伤害更加严重且持久。当一个人长期遭受精神暴力，就会出现性格扭曲、心理异常等情况。尤其是在家庭生活中，一旦冷暴力到达极限，受害人就会产生报复心理，也会在负面情绪持续累积最终爆发的情况下，做出冲动失控的举动，导致严重的后果。

说起家庭冷暴力，很多父母都表示否定，他们自认为是世界上最爱孩子的人，甘愿为孩子无私奉献。然而，他们却忽略了自己对待孩子的态度和方式。如今，很多父母只要回家就低头看手机，不是浏览八卦新闻，就是沉迷短视频和游戏，仿佛自动隔绝了周围的世界，对周围的人和事不闻不问，不管不顾。长此以往，父母看似陪伴在孩子身边，实际上却与孩子特别疏远。有的时候，孩子主动与父母搭讪，想要亲近父母，也会被父母漫不经心地以三言两语打发，继而陷入持久的沉默中。当原本应该其乐融融相处的家人之间，被冰冷的没有温度的网络隔绝，可想而知家庭氛围将会从温暖降至冰点。

青春期的孩子看似走向独立，实际上更加需要父母的陪伴与关爱。心理学家经过研究发现，哪怕是对于婴儿，如果父母总是任由婴儿哭闹，而不能及时给予婴儿反馈，那么就相当于在以冷漠的方式对婴儿施展冷暴力。如今，有些父母生怕婴儿养成喜欢被抱在怀里的坏习惯，所以在婴儿哭泣的时候故意冷落婴儿，任由婴儿哭泣，这无异于忽视婴儿的需求，必然使婴儿产生无助感，失去安全感，更无法与父母之间形成安全依恋的关系。毫无疑问，这是不利于婴儿身心健康成长的。父母要抓住婴幼儿时期，帮助孩子形成安全感，并与孩子建立安全依恋的关系。只有以获得安全感，与父母建立依恋关系为前提，孩子才能发展人格，健康成长。

当孩子进入青春期，父母要与时俱进跟紧孩子成长的脚步，意识到随着独立能力和自理能力的增强，孩子不再需要父母无微不至的照顾，但是需要更密切深入地与父母进行沟通，以保持精神的共鸣和情感的共情。在家庭生活中，很多父母习惯于以冷处理的方式对待孩子的负面情绪，因而无法保证与孩子进行正常的沟通，也不能主动地营造轻松愉悦的家庭氛围。置身于紧张的家庭氛围中，感受着令人尴尬和难堪的沉默，孩子很有可能感到极其不舒适，这显然不利于帮助孩子养成良好的沟通习惯，也不利于孩子打破与父母之间的沟通壁垒，实现与父母的无障碍沟通。

在夫妻关系中，即使再好的感情也经不起彼此冷漠相向，所以要想经营好夫妻关系，建立良好的沟通渠道，保持有温度的密切沟通是关键。尤其是在冷战的状态下，夫妻之中必然要有一方主动打破坚冰，以发短信、发邮件或者是发微信的方式主动抛出橄榄枝。如果内心足够强大，有勇气当面道歉，那当然是更好的选择。

亲子关系也和夫妻关系一样，要以顺畅的沟通作为经营亲子关系的前提。无论父母与孩子之间面对怎样的难题和困境，只要能进行顺利的沟通，那么一切问题都会迎刃而解。反之，如果父母与孩子之间的沟通面临障碍或者困境，那么亲子问题的解决就会大打折扣，效率低下。

对于父母，在经营夫妻关系时一定要保持理性和热情，才能为亲子之间的相处做好榜样，也为孩子营造有温度的家庭氛围。 在家庭生活中，如果夫妻之间陷入冷战状态，总是当着孩子的面彼此疏远，互相冷漠对待，那么必然会给孩子带来负面影响，也使孩子误认为处理人际难题的唯一方式就是沉默。在家庭生活中，有温度的夫妻关系会给孩子带来更好的感受，也让孩子确信父母之间是有爱的，家庭也是稳固的。反之，那些陷入冷暴力的父母会在不知不觉间向孩子宣泄情绪，使无辜的孩子承受来自父母的压力。无疑，这并不利于孩子身心健康、充满快乐地成长。

以良好的夫妻关系为前提，接下来，父母需要做的是温和友好地对待孩子。不管与孩子之间面对怎样的问题，父母都要积极主动地去解决，而切勿冷漠对待孩子。父母对青春期孩子施展冷暴力，一则会让孩子失去对父母的信任，二则会摧毁孩子的自尊和自我意识，让孩子进入自我评价过低的困境，也陷入自我怀疑之中。

小贴士

从本质上来说，冷暴力属于被动型的攻击。父母要改变以冷暴力对待孩子的方式，主动关爱孩子，坚持陪伴孩子。既要关注孩子的需求，也要认可孩子的付出，更要温暖孩子的心灵。

杜绝家庭暴力，避免给孩子留下心理创伤

在全世界范围内，家庭暴力问题极其严重。家庭暴力分为两种，一种是夫妻之间的家庭暴力，另一种是父母对孩子的家庭暴力。和父母对孩子的家庭暴力会造成明显的后果不同的是，当孩子目睹父母之间的家庭暴力，将会受到更为严重且更为隐蔽的伤害，导致在心理上和精神上都出现无法愈合的创伤。

作为父母，既要提升情绪管理能力，也要学会把家庭生活与因为工作而产生的坏情绪隔离开来，尤其是要坚持心平气和地对待孩子。 有些父母从小生活在充满暴力的家庭环境中，因而无形中受到原生家庭的负面影响和持久作用，那么就要坚持自我觉察和自我反思，并且选择以合适的方式进行心理调节，必要的情况下还要求助于心理医生，坚持进行心理疏导和心理治疗。**唯有情绪稳定，父母才能友好地对待家庭生活中的弱势群体——孩子，也实现保护孩子、陪伴孩子成长的目的。**

此外，从小成长于家庭暴力的环境中，孩子在进入青春期之后会更加敏感、叛逆，也会表现出超出实际年龄的成熟。他们总是担心父母情绪欠佳，也总是小心谨慎地察言观色，内心极度缺乏安全感。有的时候，孩子明明没有犯错误，父母却会以暴力手段强迫孩子认错，使孩子与父母之间的关系越来越疏远，也使孩子形成自卑怯懦的性格特征，还会表现出孤僻暴戾的行为特点。因

此，父母一定要营造温馨幸福的家庭氛围，这样才能呵护孩子，让孩子身心健康地成长。即使孩子犯了错误，或者表现得不能让父母满意，父母也要有足够的耐心对待孩子，引导孩子完善行为。

当青春期的孩子目睹家庭暴力或者亲身经历家庭暴力，那么他们就会害怕与他人形成亲密关系，也会认为暴力是发泄情绪的正常方式之一。青春期孩子原本就性格冲动，情绪暴躁，行为容易过激，因而父母一定要避免以暴力行为刺激孩子的情绪，加重孩子的暴力倾向。**在夫妻相处中，父母要牢记言传身教的重要作用，给孩子树立用平和的心态解决问题的好榜样。**在亲子相处中，父母更是要以合适的方式引导孩子，对孩子晓之以理、动之以情，让孩子学会理智面对各种问题。

小贴士

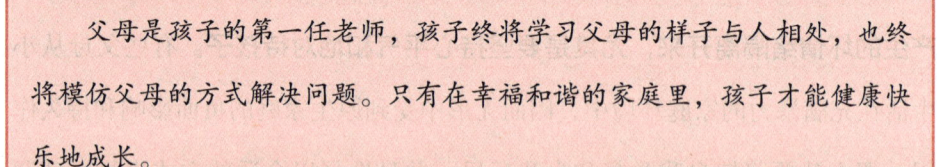

父母是孩子的第一任老师，孩子终将学习父母的样子与人相处，也终将模仿父母的方式解决问题。只有在幸福和谐的家庭里，孩子才能健康快乐地成长。

02 第二章

贯彻正面管教,
以积极的亲子沟通搭建爱的桥梁

Communication Psychology

第二章
贯彻正面管教，以积极的亲子沟通搭建爱的桥梁

勇敢表达爱，营造充满爱的家庭氛围

在现实生活中，爱无处不在，无时不在。爱在人与人之间流淌，所以才能让家变得有温度，让整个社会变成一个大家庭，也让全世界的人息息相关，密切相连。<u>在家庭生活中，要想营造充满爱的家庭氛围，要想提升家的温度，每个人都要学会勇敢表达爱。</u>正如一首歌所唱的，爱要大声说出来。

那么，爱是什么呢？爱是尊重，是理解，是包容，是信任，是关心，是责任，是无条件的接纳，是心甘情愿的付出，是毫无保留的奉献。正是爱让人与人密切相关，也让原本没有关系的人成为命运共同体。爱，使人获得成长，也赋予人新的角色。

新生命从呱呱坠地起就在父母无微不至的爱与呵护中成长。随着不断长大，他们学会了接受爱，表达爱，传递爱。然而，很多父母发现，在孩子小的时候，亲子关系亲密无间，随着孩子渐渐长大，亲子关系反而越来越疏远。这是为什么呢？是因为在孩子小的时候，父母会毫不遮掩地对孩子表达爱，而随着孩子不断长大，父母对孩子的爱反而变得深沉，很多父母都习惯于把对孩子的爱隐藏在心底。其实，爱是需要表达的。作为父母，如果能像孩子小时候一样坚持告诉孩子"爸爸爱你，妈妈爱你"，那么孩子就会延续小时候的习惯，继续回应父母爱的表达。爱，不应该在成长中变得沉寂，而是要随着成长更勇

敢地大声表达。

在家庭生活中，一方面父母要对孩子表达爱，另一方面父母之间也要表达爱。很多父母在结婚之初柔情蜜意，随着孩子的出生，忙于生活的柴米油盐酱醋茶，他们越来越疏于交流。在西方国家，夫妻之间、亲子之间经常把"我爱你"挂在嘴边，也常常用亲吻、拥抱等方式表达爱，这是需要我们学习的。

涵涵是一名14岁的女生，她很内向、很沉默，也很少与周围的同学互动。她常常独自坐在座位上，仿佛有很多烦恼，也有很多心事。即使回到家里，涵涵也总是待在房间里读书或者写作业。其实，这不是因为涵涵性格内向，不善于与人沟通，而是因为她从小生活的家庭环境很冷漠。

涵涵是留守儿童，她一岁时，父母就外出去遥远的城市打工了，把她留给爷爷奶奶照顾。小时候，涵涵总是问奶奶"妈妈呢"，奶奶常常告诉涵涵"妈妈挣钱去了"。后来，涵涵考入县城的初中开始住校生活，发现身边的同学经常被父母"投喂"，她更加思念自己的妈妈。有一次，涵涵打电话要求妈妈回家，妈妈却毫不迟疑地拒绝道："涵涵，妈妈不挣钱，怎么供你上学呢。你在家要认真学习，听爷爷奶奶的话。"涵涵哭着说："为什么别的同学都能跟父母一起生活，我却只能和爷爷奶奶生活呢？你和爸爸到底什么时候才能回来？"电话那头，妈妈长久地沉默着，她似乎无法在涵涵和挣钱之间做出选择。一天天，涵涵长大了，不再叫嚷着要妈妈，但是她变得越来越冷漠，对身边的人包括爷爷奶奶在内，都是一副漫不经心的样子。奶奶说涵涵生性凉薄，涵涵却说："我从小到大没有感受到温暖，怎么能给别人温暖。"

在这个案例中，爸爸妈妈也许为了生计而不得不离开家，离开孩子，去遥远的城市打工挣钱。但是，他们却疏忽了对孩子表达爱。在现实生活中，尤其是在偏远穷困的地方，很多年轻人选择背井离乡去打工，而把孩子留给老人抚养长大。如此一来，老人固然能照顾孩子的吃喝拉撒，却无法给予孩子情感上的滋养和精神上的支撑。随着孩子渐渐长大，他们越来越需要父母，却不能得到父母积极的回应。<u>实际上，父母哪怕不能陪在孩子身边，也应该经常回家看望孩子，或者借助现代化通讯设备与孩子联络感情。</u>

孩子是在冷漠疏离的家庭环境中长大，还是在充满爱的家庭环境中长大，结果将大不相同。尤其是对于青春期孩子而言，他们已经具备了一定的独立能力和自理能力，更加迫切渴望得到父母的陪伴和关爱、尊重与理解。很多父母要么把挣钱放在第一位，要么把工作放在第一位，他们对待同事、客户都特别有耐心，一旦回到家里面对孩子却是极其厌烦。<u>实际上，孩子想要的很简单，那就是在难过失意的时候有父母在身边，在兴奋喜悦的时候有父母可以分享。</u>有的时候，父母哪怕只是给孩子一个肯定的眼神，温柔地拍拍孩子的肩膀，孩子都会感受到无穷的力量。

当孩子进入青春期，很多父母一味抱怨和孩子的关系越来越疏远，而从未反思自己是否一如既往地爱孩子。在家庭生活中，当孩子感受到父母的爱，在充满爱的家庭氛围中成长，孩子就能形成自信，获得安全感。这样的孩子习惯了亲密关系，所以会主动地建立和维持亲密关系，也会充满自信地认为自己值得被爱。他们还会学着父母的样子主动表达爱，也积极地营造充满爱的家庭氛围。

需要注意的是，青春期孩子自尊心强，特别敏感。父母在向孩子表达爱时，一定不要附加任何条件，这样孩子才会感受到父母无条件的接纳与关爱。必要的时候，父母还要注重仪式感，例如在孩子生日时、取得好成绩时、获得重要的成就时,父母要精心为孩子准备富有纪念意义的礼物。

> **小贴士**
>
> 孩子一天天长大,他们的生活越来越精彩,但是他们会始终记得父母的爱,也会始终感受到家的温暖。只有那些被爱大的孩子,才会勇敢地表达爱,也才会用爱温暖整个世界。

和孩子一起制定规矩

很多父母都认为,青春期孩子特别叛逆,最喜欢与父母针锋相对,父母越是要向西,他们越是要往东;父母越是要南下,他们越是要北上。总之,他们在所有事情上都与父母唱反调,根本不愿意遵守父母制定的规矩,也不愿意完成父母安排的任务。

在叛逆心理的作用下,孩子仿佛打响了与父母的战争,唯一的目标就是在父母面前捍卫自身的权益,也证明自己的确已经有能力处理好很多事情了。这场战争旷日持久,也许会持续孩子的整个青春期。为了尽快结束这种令人抓狂的局面,<u>父母急需做的就是看到孩子的成长,给予孩子更大的自由空间和更多的选择机会,让孩子独立自主地进行思考,做出抉择</u>。反之,父母越是事无巨细地限制孩子,孩子越是强烈反抗。

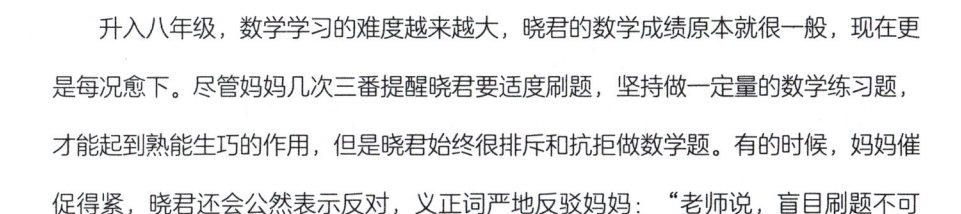

升入八年级,数学学习的难度越来越大,晓君的数学成绩原本就很一般,现在更是每况愈下。尽管妈妈几次三番提醒晓君要适度刷题,坚持做一定量的数学练习题,才能起到熟能生巧的作用,但是晓君始终很排斥和抗拒做数学题。有的时候,妈妈催促得紧,晓君还会公然表示反对,义正词严地反驳妈妈:"老师说,盲目刷题不可取。"妈妈哭笑不得，无奈地说："你哪里是盲目刷题，你是压根不刷题。你可以问问老师，有没有人能从不刷题就把数学学好。古人云，'纸上得来终觉浅，绝知此事要躬行'，正是告诉我们要适度坚持刻意练习，才能提升技能。"晓君对妈妈的话不以为然。

最近这段时间，妈妈还发现晓君敷衍了事地完成作业，不但字迹潦草，而且作业的质量每况愈下。原来，晓君把节省出来的学习时间都用来玩电脑游戏了。妈妈心急如焚，说道："晓君啊晓君，你已经读八年级了，正处于整个初中阶段最重要的学习时期。你要是从此掉链子，那么九年级就很难追赶上来了。我正式通知你，从此以后只有周末才能玩一小时游戏，工作日的晚上完成校内作业后，其他时间都要用来做数学题。"晓君当然不愿意对妈妈言听计从，她其实还在偷偷地玩游戏。在月考中，晓君的数学成绩又有了大幅度退步，她自己也意识到了问题的严重性。

妈妈趁热打铁，决定改变方式与晓君沟通。妈妈温和地对晓君说："晓君，对于数学学习，妈妈想听听你的计划。"原本，晓君担心被妈妈批评，如今看到妈妈态度缓和，晓君如释重负，坦诚地说起数学计划。妈妈一直频频点头，等到晓君说完整个计划之后，妈妈才对晓君提出中肯的建议："我认为，你做数学习题可以更有针对性，会做的题目就可以直接略过，不会做的题目要举一反三，加强巩固，你认为呢？"晓君没想到妈妈还会想方设法给她减轻负担，不由得连连点头。妈妈笑着说："其实，妈妈也希望你有更多时间玩耍，但前提是圆满完成学习任务。想当年，我可是数学课代表，所以还是有经验可以分享给你的。"

看着和颜悦色的妈妈，晓君放下戒备心理，最终采纳了妈妈的很多合理化建议，也与妈妈一起制订了学习计划，规定了每周可以玩游戏的时间。让妈妈感到惊喜的是，晓君一改此前排斥和抗拒的态度，对于亲自参与制订的计划严格贯彻执行。一段时间之后，晓君的数学成绩获得了很大进步，她受到鼓舞，更加努力了。

对于青春期的孩子，很多父母依然像对待小孩子一样下达命令，或者提出要求。殊不知，青春期孩子随着自我意识觉醒，越来越不愿意遵从父母的意愿，更不愿意服从父母的指令。为此，父母要改变对待孩子的方式，从单方面向孩子传达指令，到学会尊重孩子，与孩子协商很多问题的解决方式，也与孩子一起制定各种规矩。虽然青春期孩子最热衷于做的事情就是向父母宣示主权，但是他们同样喜欢维护自己的决定，把自己的想法变成现实。**父母和孩子一起制定规矩，恰恰能够消除孩子对父母的抵触和抗拒心理，让孩子主动自觉地遵守自己制定的规矩。**由此一来，亲子矛盾不复存在，亲子冲突也大大减少。

常言道，没有规矩，不成方圆。不管是对小孩子而言，还是对青春期的孩子而言，规矩都是必不可少的。这是因为孩子缺乏自控力，无法很好地管理自己，为此需要规矩作为外力和约束，督促孩子坚持做好自我管理。当孩子形成规矩意识，将来步入社会就能遵守社会公德，尽快实现社会化。可见，和孩子一起制定规矩，让孩子从被动遵守规矩转变为主动遵守规矩，这是极其重要的教育方式。

在和孩子一起制定规矩时，父母不要以成年人的标准要求孩子，而是要结合孩子的身心发展特点，提出符合孩子能力需求的规矩，再与孩子一起协商，最终确定规矩。一旦制定规矩，父母就要和孩子一起遵守规矩，这样才能督促孩子坚持到底，形成规矩意识，也养成遵守规矩的好习惯。在一些家庭里，父母制定的规矩只针对孩子，这就犯了只许州官放火，不许百姓点灯的错误。在另外一些家庭里，父母带头违反规矩，给孩子树立了不好的榜样，所以规矩渐渐地变成摆设，根本不利于助于督促孩子成长。

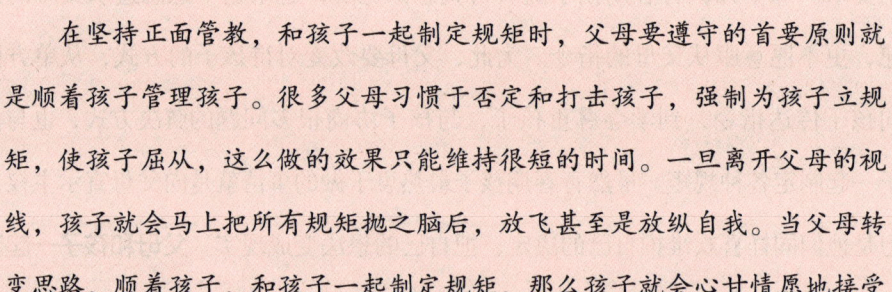

> **小贴士**
>
> 在坚持正面管教，和孩子一起制定规矩时，父母要遵守的首要原则就是顺着孩子管理孩子。很多父母习惯于否定和打击孩子，强制为孩子立规矩，使孩子屈从，这么做的效果只能维持很短的时间。一旦离开父母的视线，孩子就会马上把所有规矩抛之脑后，放飞甚至是放纵自我。当父母转变思路，顺着孩子，和孩子一起制定规矩，那么孩子就会心甘情愿地接受这些规矩，即使离开父母的管教，他们也依然会主动自发地遵守规矩。这么做既能避免与孩子产生冲突，也能引导孩子形成规矩意识，养成守规矩的好习惯，可谓一举数得，事半功倍。

精准表达，避免误解

当孩子进入青春期，很多父母会抱怨孩子变得越来越不听话，其实，这是对孩子的误解。一则青春期孩子各方面能力不断增强，他们想要证明自己具备独立能力，所以会抗拒父母的指令，坚持自己的做法。二则在某些情况下，父母并不能对孩子做到精准表达，这使孩子误解了父母的意思，从而表现得不能让父母满意。应对第一种情况，父母要适时对孩子放手，给予孩子更大的自由空间。应对第二种情况，父母则要准确表达自己的真实意图，以得到孩子的积极回应，确保孩子领悟到父母的真实意图，这样就能最大限度避免产生误解。有的时候，孩子哪怕理解了父母的真实意图和详细要求，也不知道如何做才能令父母满意，符合父母的要求。这就需要父母更进一步地解释清楚自己想要传达的信息，必要的时候可以让孩子复述自己的意图，以确定孩子的确准确接收到相关信息。

在亲子相处中，父母占据主导地位，起到引导孩子的重要作用。**当发现孩子总是不听话，父母不要急于责怪孩子，而是要主动反思自己是否在以合适的方式与孩子沟通，是否准确表达。**

每个父母都深爱孩子，因而难免会对孩子寄予过高的期望，一旦发现孩子的表现不能令自己感到满意，父母还会着急责怪孩子，严厉地训斥孩子，以期望起到最佳的教育效果。**然而，孩子需要的是循循善诱和耐心管教，而不是父母的批评、责骂和惩罚。**如果父母只会吼孩子，那么就无法成为合格的父母；如果父母常常处于情绪失控的状态，那么就不可能准确地给孩子传达信息。

在高一阶段的第一次大考中，秦宇的成绩很不理想。在初中阶段，秦宇不但在班级里名列前茅，而且在年级里也名列前茅。为此，妈妈对于秦宇在高中阶段的学习也满怀期待。看到秦宇的成绩单，妈妈大感失望，忍不住说道："秦宇，你这次考试是怎么回事啊，是不是刚升入高中不太适应，还是有什么事情分心了？"

妈妈话音刚落，原本有些沮丧的秦宇马上如同好斗的公鸡一样，脱口对妈妈说道："什么叫有什么事情分心了？你说，我能有什么事情？"妈妈被质问得莫名其妙，说："我哪里知道你有什么事情啊，这不是让你反思呢。毕竟高一才开学，如果不能有个好的开始，后面想要提升成绩很难。"秦宇更生气地说道："你要是怀疑我早恋就直说，这样遮遮掩掩有意思吗？你们当大人的就是这样自以为聪明，也不知道哪里来的自信。"妈妈被秦宇一番抢白，这才知道秦宇误会了自己的意思，赶紧解释道："你想多了，我是担心你刚开始住校，会不会不太习惯住校的生活。前几天，我看班级群里有几个家长把孩子从住校改成走读了。"秦宇这才明白妈妈的真实意图，不好意思地说道："妈妈，你下次说话要说清楚，说得这么含糊其词，我还以为你是不信任我，所以故意诈我主动交代呢。放心吧，我对住校生活很适应，和同学们相处得也不错。我想，你忽略了我就读的是重点高中，如今身边都是和我一样在初中时学习成绩优异的佼佼者，所以我想和初中一样遥遥领先，很难。"

听到谈话里的火药味终于消散了，妈妈如释重负，她可不想在这样的关键时期和秦宇闹翻。妈妈说道:"的确,随着你升入的学校越来越好,你的竞争者也越来越优秀。在重点高中,你身边是全市的优秀学生。将来,你如愿以偿考入清华大学,那么你身边就是全中国的优秀学生了。妈妈要调整心态,对你合理预期。"秦宇这才开心地笑起来,对妈妈说:"放心吧,妈妈,我会努力的,争取和以前一样出类拔萃。"

因为妈妈没有做到精准表达,所以秦宇误解了妈妈的意思,认为妈妈是在揣测和怀疑他,忍不住对妈妈发脾气。幸好妈妈及时解释清楚真实的意图,消除了谈话中弥漫的浓重火药味,才能给一触即发的亲子战争灭火。毋庸置疑,对于父母而言,**和青春期孩子沟通是一项极具挑战性的工作,必须考虑到孩子的敏感和自尊,也要慎重地斟酌和组织语言,才能起到良好的沟通效果。**

为了精准表达,在与孩子沟通时,父母要表达对孩子的期望,这样就能避免引起孩子的反感,从而让孩子主动表现得符合父母的预期,例如避免对孩子说"家里真乱,赶紧收拾",而要对孩子说"真希望我下班之后,能看到干净整洁的家啊";父母要尽量避免使用反语句式,而坚持使用肯定句表达,例如避免对孩子说"不要跑",而是要对孩子说"慢点走";父母要避免唠叨,以免引起孩子的超限效应,要尽量使用简洁明了的语言,这有助于孩子准确领会父母的意图;父母要坚持以身示范,因为身教的作用大于言传,当父母坚持以行为做出示范,孩子就会主动模仿父母的样子,把事情做得更好。

> **小贴士**
>
> 　　在所有家庭里，父母都要依靠家庭语言与孩子建立良好的沟通渠道，获得良好的沟通效果，这样才能贯彻家庭教育。家庭语言是极具影响力的，也会渗透在家庭生活中，潜移默化地影响孩子。因而，父母要重视家庭语言，也以语言作为精神的支撑和情感的营养，浇灌孩子的心灵，给孩子播下爱的种子。

不粗暴，以自然结果惩罚

南风和北风谁也不服气谁，因而相约比武，以谁能让路上的行人脱掉衣服作为获胜的标准。北风当即刮得猛烈，让路上的行人感受到刺骨的寒冷，因而行人们不约而同地都裹紧衣服。北风累得气喘吁吁，也没有让哪怕一个行人脱掉衣服。这个时候，轮到南风登场了。南风和北风不同，它柔和地吹向行人，很快就吹散了云彩，露出了太阳。行人感受着风和日丽，相继解开棉服的扣子，走着走着，他们沐浴着阳光，感受到温暖，索性脱掉了厚重的棉服。

从北风和南风的比武不难看出，一味地学习北风使用蛮劲未必能够获胜，却有可能事与愿违。更聪明的做法是学习南风以温柔的方式对待他人，反而能获得想要的结果。心理学家把南风和北风的这场比试称为"南风效应"，它告诫人们**有的时候温暖比严寒更有力量**。在教育孩子的过程中，父母也要讲究方式方法，切勿一味指责、批评和否定孩子。如果父母学习北风，那么孩子就会紧紧地裹着大衣。**如果父母学习南风，以和风细雨的方式对待孩子，温暖孩子的心灵，那么孩子就会放下戒备，敞开心扉面对父母。**

每个孩子都会本能地进行自我保护。只要敏感地觉察到父母想要批评和责怪他人，孩子就会当即进行心理防范，有些孩子还会抢先一步以撒谎的方式掩盖事实，保护自己。为了消除孩子的抵触心理，父母要设身处地地理解孩子的心理感受，从而有效地打消孩子的顾虑。在亲子沟通中，当父母与孩子都不再带着先入为主的态度参与沟通，那么沟通就会更加顺畅。

具体来说，父母要做到坚持如下沟通原则。

首先，父母要尊重孩子。青春期的孩子渴望得到父母的尊重，如果父母误解孩子，或者强制命令孩子，缺乏对孩子的尊重，那么孩子就会故意与父母作对，还会与父母针锋相对。

其次，父母要给孩子自主选择的机会。很多父母习惯代替孩子做出选择，而忽略了随着孩子不断成长，他们更渴望独立自主地做出选择。有些父母预见到孩子的选择将会产生不好的结果，因而强制要求孩子服从父母的命令，这无疑会招致孩子的反抗。面对这样的情况，父母可以把好的结果和不好的结果都告知孩子，然后在确保结果在可承受范围内的情况下，尊重孩子的选择。有的时候，父母哪怕告知孩子结果糟糕，孩子也未必愿意听从父母的指令。明智的父母会支持孩子做出选择，也见证孩子不得不承受糟糕的结果。每当这时，父母切勿嘲笑或者挖苦、讽刺孩子，而是要尊重孩子，让孩子承受自然结果的惩罚。相比起父母的告诫会引起孩子的逆反心理，一次自然结果的惩罚就能让孩子长记性，牢牢记住不能再犯同样的错误，因而让教育事半功倍。

国庆长假到来，曲晨还不等放假就已经安排了玩耍的日程。妈妈担忧地提醒曲晨："晨晨，长假虽然整整有七天，但是作业很多，学习任务繁重，所以切勿玩得乐不思蜀，耽误了学习。不然，等到开学可就没法交作业了。"对于妈妈善意的提醒，曲晨不以为然，说道："妈妈，这都放假了，我还不得玩个痛快。放心吧，我预留了写作业的时间。"看到曲晨兴高采烈的模样，妈妈暗暗想道："怕只怕你玩得高兴，完全忘记了学习，那你开学可就有好看的了。"虽然这么想着，但是妈妈并没有过多唠叨和提醒曲晨先完成作业，而是作壁上观，只等着看曲晨出糗。

快乐的时光总是过得飞快，转眼之间，长假只剩下两天，假期余额严重不足。曲晨这才慌了神，开始补作业。但是，假期的第六天是家族聚会日，一想到聚会的时候能见到许久未见的表哥表姐，曲晨压根静不下心来留在家里写作业。为此，他只能硬着头皮跟着爸爸妈妈一起参加家族聚会。等到晚上回到家里，曲晨困倦得睁不开眼睛，不知不觉睡着了。眼看着只剩下一天时间恶补作业，曲晨废寝忘食，直到开学前一天的深夜十二点，还在快速写作业。到了十二点，妈妈提醒曲晨睡觉，否则次日按时起床都成难题。曲晨不敢告诉妈妈他还有作业没有完成，妈妈又假装不知情再三催促曲晨睡觉。无奈，曲晨只好设定了凌晨四点的闹钟，趁着爸爸妈妈还在睡觉时恶补作业。次日，曲晨顶着熊猫眼哈欠连天地去上学了。因为还有一项作业没有完成，他受到了老师的严厉批评，羞愧得恨不得找个地缝钻进去。从此之后，不管是长假还是短假，曲晨都会第一时间完成作业，然后玩个痛快。

每到节假日，父母都很担忧孩子是否能如期完成作业，有些父母还因为频繁地催促孩子写作业，而与孩子爆发冲突，那么不妨学习曲晨妈妈的做法，在善意地适度提醒孩子之后，绝口不和孩子提作业的事情，而是耐心等待见证孩子不得不承担自然结果。曲晨所面对的结果自然就是开学之前恶补作业，也是开学第一天就因为没有完成作业而被老师严厉批评。相信在有了一次这样的经历之后，曲晨一定会长记性，再也不犯同样的错误。

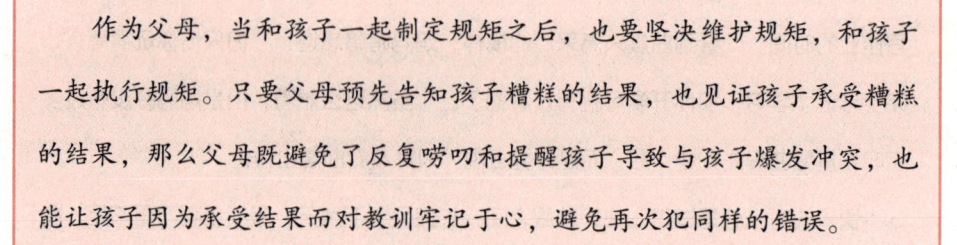

> **小贴士**
>
> 　　作为父母，当和孩子一起制定规矩之后，也要坚决维护规矩，和孩子一起执行规矩。只要父母预先告知孩子糟糕的结果，也见证孩子承受糟糕的结果，那么父母既避免了反复唠叨和提醒孩子导致与孩子爆发冲突，也能让孩子因为承受结果而对教训牢记于心，避免再次犯同样的错误。

不唠叨，避免超限效应

相关机构经过调查发现，**大多数青春期的孩子表示最不能容忍的就是父母的唠叨**。偏偏很多父母习惯了对孩子发号施令，挑剔苛责，又因为喋喋不休，所以很容易使孩子感受到压力，认为父母不尊重不理解自己，而且对自己步步相逼，由此反感甚至抗拒父母。

心理学领域的超限效应告诉我们，当刺激过多、过于强烈或者是持续作用的时间过长，往往会导致心理逆反或者极其厌烦。马克·吐温是美国著名的小说家，有一次，他去教堂里听牧师演讲。起初，他认为牧师演讲得很好，他因此被感动，决定捐出一笔钱。然而，牧师又讲了十分钟，还没有结束演讲的苗头，他因此感到很厌烦，决定只捐出一些零钱，聊表心意。他继续等待着，只等着牧师一结束演讲就开始捐款，出乎他的意料，牧师继续喋喋不休地讲了十分钟，还是没有结束演讲。为此，他决定一分钱都不捐。终于，牧师结束了冗长的演讲，马克·吐温非但没有捐钱，反而趁着捐款的机会浑水摸鱼，从捐款箱里偷走了一张纸币。由此可见，超限效应对人的情绪产生了强烈的影响，也改变了人的决定和行为。

在家庭教育中，为了避免超限效应，父母要减少唠叨，以简洁明了的语言和孩子沟通，并且力求打动孩子的心，让孩子心甘情愿地采纳父母的建议。

这样的沟通才能起到事半功倍的效果，也才有助于父母和孩子建立并且维护良好的亲子关系。

　　自从上高中之后，林峰就开始了每周住校六天，回家一天的生活。高中的学习任务重，时间紧张，压力很大。每逢周末回到家里，林峰就恨不得睡个昏天暗地，也想玩两小时电脑游戏彻底放松。看到林峰回家的状态，妈妈嘴上不说，心里着急。她暗暗想道："高中生这么睡懒觉也就算了，怎么可能还有时间玩游戏呢？"接连几个周末回家，林峰不是睡觉就是玩游戏，妈妈终于按捺不住，开启了唠叨攻势。

　　这天早晨八点半，妈妈就故意发出很大的声音，想让林峰起床。林峰睡得深沉，妈妈无奈地启动了扫地机器人，这才把林峰吵醒。林峰吃完早餐就开始玩游戏，妈妈先是试探性地问道："周末，你们有没有作业？"林峰盯着电脑屏幕，头也不回地回答："有，等今晚去学校上晚自习时再写。"不一会儿，妈妈又问："小峰，你适应高中的学习节奏吗？"林峰回答："还好，没有明显的不适应。"妈妈继续追问："不知道你们班的其他同学是如何过周末的？我那天听说很多孩子利用周末补习，或者刷题。"林峰有些厌烦，说道："管别人做什么，做好自己就行。"妈妈打开了话匣子，开始长篇大论道："高中生可不能闭门造车，毕竟学习的目的就是在高考的竞争中胜出，所以一定要关注别人是如何学习的。要不，我也给你报个补习班吧。"林峰当即摇摇头，说："周一到周六学六天，周日再学，我的脑子不会学成糨糊吗？"

　　妈妈感受到林峰的情绪，但是她显然不想放弃，而是继续说道："人的潜能是无穷的，妈妈相信你还能取得突破性进步。你要是不想补习，也可以利用周末时间刷数学题，毕竟你的数学成绩有些拖后腿。"林峰终于爆发了，说道："妈妈，能不能让我安安静静地玩会儿游戏，你知道有多少高中生都因为抑郁休学了吗？你可不要成为压垮我的最后一根稻草！"就这样，妈妈与林峰的交谈不欢而散。后来，妈妈经常明确要求林峰利用周末时间补习或者刷题。每到周末，林峰就把自己关在房间里，很少与妈妈交流。

在这个案例中，妈妈显然无法继续保持淡定了，尤其是在看到孩子周末只想彻底休息和放松之后。妈妈说得并没有错，高中生既要关注自己的学习，也要关注竞争对手的情况。然而，归根结底，孩子才是学习的主体，只有孩子主动自发地努力学习，才能有效提升学习成绩。否则，如果孩子抵触学习，那么不管父母多么唠叨，如何督促，都收效甚微。如果父母不能把握督促孩子的限度，只会激发孩子的逆反心理，使孩子故意在学习方面表现得懈怠、被动或者拖延。

面对青春期孩子，父母要设身处地为孩子着想。作为成年人，如果每周保持高强度工作六天，那么周日一定会感到身心疲惫，急需让自己放松一下，更何况是孩子呢？父母要理解孩子学习的辛苦，认可孩子对学习的付出，也要拿着放大镜看到孩子的优点和长处，这样才能发自内心地认可和接纳孩子，使孩子获得心理满足。**切记，不要强迫或者逼迫孩子，因为青春期孩子已经能够独立思考，也形成了自己的主见，所以父母必须以尊重和平等对待孩子为前提，才能与孩子进行沟通与互动。**

当发现孩子在某个方面表现不佳，或者犯了错误时，父母一定要坚持只批评一次或者只提醒一次的原则，而不要总是唠叨、反复提醒孩子。没有人愿意被他人穷追不舍，孩子也是如此。如果说孩子在最初意识到自身错误和不足时心怀愧疚，那么随着父母唠叨的次数越来越多，孩子的内疚心理就会减轻，转变为对父母的厌烦甚至反感。为了避免这种现象发生，父母要始终牢记教育的一条基本原则，即<u>不管是提醒孩子还是批评孩子，目的都在于帮助孩子改正错误，完善行为，所以说不在多而在精</u>。

有些父母还会进入一个误区，即不允许孩子争辩，这使父母对孩子的唠叨和管教变成了单向说教，也就是父母对孩子的单向输出。所谓交流，一定是你来我往的互动，而非只有一方没完没了地唠叨。争辩，意味着孩子对父母的说教给出了反馈，父母要做的是了解孩子的真实想法，倾听孩子的心声，而非因为孩子顶撞自己而恼火、愤怒。和那些面对父母的说教沉默寡言的孩子相比，喜欢争辩的孩子更能阐述清楚事情的前因后果，也能在与父母据理力争的过程中深刻理解和领悟相关的道理。在此过程中，父母只要认真听取孩子的意见，就能检验教育的方法是否合理恰当，从而及时做出调整。

小贴士

父母还要营造和谐民主的家庭氛围，与孩子针对诸如家庭问题、社会热点问题等进行思想的交流和碰撞，这样才能丰富家庭教育的形式和内容，增强家庭教育的效果。

要建议，不要命令

对于孩子提出的不合理要求，哪怕父母已经严词拒绝，或者耐心地解释过了，孩子依然不愿意做出让步或者妥协。面对"任性"的孩子，有些父母索性简单粗暴地告诉孩子："我是你妈妈，你必须听我的。""我是你爸爸，你必须听我的。""这件事情只能这样，没什么好商量的。"这样简单粗暴的方式的确能对孩子起到短时间的震慑作用，但是从长远来看，这种教育方式是治标不治本的，只是在暂时压制孩子，而非真正解开了孩子心中的疙瘩，让孩子愿意接受父母的命令。那些性格软弱的孩子习惯了接受父母的命令，哪怕并不理解父母的命令，他们也会逆来顺受。长此以往，他们在心中积累了很多疑惑和负面情绪，等到有朝一日长大成人，有足够强大的力量与父母抗衡时，他们就会突然爆发，变得让父母无从招架。还有的孩子不敢明着反抗父母，但实际上，他们偷偷地坚持自己的决定和想法。这两种结果，都是父母的独断专行导致的。

父母独断专行，总是强行命令孩子，还会导致一种结果，即亲子关系破裂。还有些孩子性格倔强，叛逆心强，哪怕被父母强制命令，也不愿意暂时屈服。为此，他们会与父母僵持不下，最终彻底激怒父母，使父母失控地恶言恶语对待孩子，或者动手打孩子。无疑，父母这样的做法只会让孩子更加疏远他们，也更抵触和抗拒他们。为了从根源上杜绝这种现象，**父母要避免简单粗暴**

地命令孩子，而是以更合理的方式提出建议，也想办法让孩子主动采纳建议。这样既能一劳永逸地解决问题，又能增进亲子关系。

进入青春期，孩子的身心快速发育。在身形上，孩子在短短几年的时间里就已经接近成年人。在心智上，孩子还略显稚嫩，无法独立处理好很多事情。这就使孩子陷入矛盾状态，一方面孩子迫切想要摆脱父母的照顾，证明自己有能力独立生存；另一方面孩子心智稚嫩，在很多事情上依然需要依靠，需要得到父母的帮助和支持。为此，他们很矛盾，很纠结，既想远离父母，又不得不靠近父母。父母要了解孩子身心发展的特点，在孩子需要的时候全力以赴帮助孩子，在孩子不需要的时候给予孩子更大的自由空间，让孩子独立自主地思考和做出选择。当孩子进入青春期，很多父母都不懂得进退，更无法掌握进退的分寸。他们依然事无巨细地照顾青春期的孩子，恨不得代替孩子做好所有的事情，这无疑剥夺了孩子尝试独立的机会和权利，也因为无微不至地爱孩子而使孩子感到窒息。**随着孩子不断成长，父母要学会对孩子放手，孩子也就无需通过抗争争取到想要的自由了。**

父母还要尝试着把孩子当成成人看待。每当家里有重大的事情需要决策时，每当有关于孩子的事情需要定夺时，父母要与孩子讨论和商量，征求孩子的意见。很多孩子奋力抗争，只是为了在家庭生活中为自己赢得一席之地，如果父母主动给予孩子当好家庭小主人的机会，那么孩子就会主动建言献策，为家庭生活做出贡献。

从孩子进入青春期开始，父母就要改变与孩子沟通的方式。小的时候，孩子无条件信任和依赖父母，不管父母说什么做什么，孩子都表示服从。**进入青春期，一切都改变了，孩子有了独立的想法，也有了主见，所以父母要改变通过下命令与孩子单向沟通的方式，采取提出建议的方式与孩子进行双向沟**

通。从沟通的角度分析，后者才是真正的沟通，既有信息的输出，也能得到对方的反馈和对方输出的信息，继而实现沟通的"礼尚往来"。

中考在即，对于考取哪一所高中，赵鑫磊还没有做出最终的决定。他最初想考取离家近的这所高中，便于周末休息时在家和学校之间往返。但是，他的成绩高出这所高中的分数线二十分，这意味着他完全可以进入重点高中，与更优秀的同学一起学习，也得到学校提供的更多好资源和好机会。但是，重点高中离家很远，他每个周末要在路上多花费一小时往返，对于高中生而言，一小时的宝贵性不言而喻。他常常想：宁当鸡头不当凤尾，我不如留在家附近的高中，这样每个周末还能节省一小时休息或者玩游戏。

对于这个问题，父母的观点出奇地一致，他们全都认为鑫磊应去分数达标的最好高中就读。为此，父母联合起来给赵鑫磊下命令。爸爸说："鑫磊，你看谁考高中不是去最好的学校，而要退而求其次的呢！"妈妈说："鑫磊，你知不知道多少初中学子一分难求，你居然要白白浪费这么多分。这件事没得商量，你只能去重点高中。"赵鑫磊固执地说："上学的是我，又不是你们，你们凭什么替我做决定。我就要去离家近的学校！"爸爸暴怒，说道："你去离家近的学校，周末就别回家了，省得给我添堵。"赵鑫磊毫不迟疑地反驳："不回就不回，你去请我也不回。"就这样，全家人不欢而散。后来，赵鑫磊偏偏与父母叫板，坚决留在离家近的学校。

在这个案例中，如果父母不是强行命令赵鑫磊，赵鑫磊也许还会在犹豫和迟疑中继续认真思考，最终做出理智的决定。可想而知，当父母以下命令的方式强制要求他时，他心中原本平衡的天平，瞬间就因为要反抗父母而向着离家近的学校倾斜了。**当孩子犹豫不决时，明智的父母不会以命令的方式给孩子帮倒忙，而是会心平气和地向孩子提出建议，这样孩子才能保持理性，从而慎重地思考，最终做出最佳选择。**

青春期孩子的自尊心和自我意识都很强，他们最想要得到父母的尊重和平等对待。当父母改变对孩子下命令的沟通方式，转而把孩子当成朋友来沟通，那么孩子就会和父母一样保持心平气和，也会和父母探讨不同的选项将会带来怎样不同的结果。很多父母正是以协商的方式，和孩子保持着良好的沟通，也让家庭教育得以顺利展开。

小贴士

当父母习惯于给孩子提建议，而非命令孩子，那么孩子就能满足自尊的需求，也会乐于采纳父母的建议，改正自己的错误，并且主动选择与父母合作。

善于讲故事，教育事半功倍

孩子从小到大都喜欢听故事。小时候，孩子喜欢听童话故事，也愿意张开想象的翅膀在童话世界里翱翔。**进入青春期，孩子喜欢听父母讲述过去的事情，也喜欢听社会生活中的很多奇闻逸事，既能够开阔眼界，也能够增长见识，还能借此机会与父母进行深入讨论和交流，进行思想的碰撞与交融。**

要想教育好孩子，父母就要学会讲故事，也要提升讲故事的能力，把故事讲得绘声绘色，引人入胜。好的故事不但情节生动曲折，而且富含人生的哲理，也能呈现出社会生活的不同场景。曹雪芹就很擅长讲故事，他以一部《红楼梦》展现出封建时代生活的场景，把整部《红楼梦》完整地读下来，眼前仿佛出现了当时社会生活的诸多生活化场景。从本质上来说，讲故事就是进行场景化教育。**具体来说，要让孩子融入故事描绘的场景中，再以春雨润物细无声的方式滋润孩子的心田，引导孩子自觉主动地开展学习。**

从本质上来说，讲道理和讲故事是截然不同的沟通方式。当父母向孩子灌输道理，则意味着父母在试图控制孩子。毫无疑问，孩子会本能地进行自我保护，即反驳父母的道理，抵制父母的教育。讲故事恰恰可以让父母和孩子置身于相同的场景中，彼此保持平等的关系，而不再因为父母试图控制、孩子试图反抗控制而处于对立关系中。**对于青春期的孩子，讲道理是命令，讲故事则**

是渗透。父母向孩子讲述自己小时候的故事，无疑是在和孩子分享自己成长的经历；父母向孩子讲述身边发生的真人真事，则相当于在和孩子讨论；父母向孩子讲述精挑细选的名人故事，则是以这样的方式激励和鼓舞孩子，让孩子主动自发地做一些事情。对青春期孩子的父母而言，一旦学会讲故事，用故事打动孩子的心，让孩子领悟故事中蕴含的道理，接纳父母的中肯建议，那么亲子教育则会有事半功倍的效果。

升入高二年级，蔡俊熙在学习方面遇到了前所未有的困难，尤其是对于英语学习，他不管多么努力，都无法如愿以偿地获得进步。在一次月考中，蔡俊熙的数学考取了120多分的好成绩，英语却只考了80多分。对于满分150分的成绩而言，这样的英语成绩无疑是很糟糕的，严重拉低了蔡俊熙的总分。蔡俊熙对学习的信心急速降低，他甚至想到了辍学，去哥哥所在的电子厂打工，这样就不用每天天不亮起床，夜深了依然刻苦学习了。他想，早早打工也没什么不好的，还能帮助父母减轻经济压力，可谓一举两得。

爸爸感受到蔡俊熙对于学习的态度发生了转变，赶紧从打工的地方请假回到家里。爸爸没有批评蔡俊熙，也没有讲大道理给蔡俊熙听，而是讲述了一个关于哥哥的故事。他缓缓地对蔡俊熙说："俊熙，你比哥哥小12岁，不知道哥哥以前的故事，爸爸讲给你听吧。其实，哥哥小时候很聪明，是个学习的好苗子，就是因为一场脑膜炎，所以智力下降，只能辍学打工。在电子厂里，很多和哥哥同期进厂的人都当上了组长，转岗从事管理工作，唯有哥哥一直在流水线上，特别辛苦。每天，哥哥都要在流水线上工作十几小时，他实在太困了，有一次不小心睡着了，导致手部被卷入机器。现在，哥哥的一只手上少了两根手指头，更是升职无望了。俊熙，你还小，还有机会决定自己的命运。爸爸妈妈希望你能抓住机会，不要向命运投降。现在辛苦一些，将来才能有一份更好的工作。"

后来，爸爸又向俊熙讲述他和妈妈年轻时拼搏奋斗的经历，俊熙听得入了神。经过几天的交流，俊熙听到爸爸讲述了很多家里的故事，他恍然大悟，意识到爸爸用心良苦，因而感动地对爸爸说："爸爸，你放心地去工作吧，我一定会咬紧牙关努力学习。我要成为咱们家第一个大学生，将来改变自己的命运，也改变咱家的命运。"

因为自身接受教育的程度有限，所以爸爸很清楚自己无法靠讲道理说服俊熙坚持学习。为此，他专程从打工的地方回到家里，只为了给俊熙讲述家里的故事。爸爸的方法很有效，不但打动了俊熙的心，而且坚定了俊熙继续认真学习的决心。如果说讲道理是以灌输的方法强行告诉孩子道理，那么讲故事则是把道理蕴含在故事中，让孩子从故事的情节和人物形象中有所感悟，有所启发。

小贴士

在孩子小时候，父母可以讲述童话故事、寓言故事给孩子听。随着孩子渐渐长大，父母则要讲述身边发生的真实故事、社会生活中的热点新闻等给孩子听，这些都有助于启迪孩子进行有深度的思考，也让孩子在与父母讨论、协商或者深入交流的过程中，深刻领悟人生的道理。

温柔坚定，让拒绝水到渠成

如今，大多数家庭里只有一个孩子，这使父母对孩子有求必应，只要能力所及，就满足孩子的所有要求与愿望。长此以往，孩子必然养成骄纵任性的坏习惯，对父母索求无度。渐渐地，很多父母都认识到要学会拒绝孩子，坚持自己的原则和底线，这样孩子才能习惯被拒绝，也才能学会舍弃一些不切实际的要求和希望。基于这样的心理，有些父母从无限度纵容和满足孩子转变为简单粗暴地拒绝孩子。和弱小无助的孩子相比，父母作为成年人必然在力量上和权力上占有优势，为此如果父母义正词严、不容争辩地拒绝孩子，孩子除了被动接受之外，无计可施。这使孩子压抑内心的欲望，不敢向父母表达自己的真实需求，渐渐地就会感到内心空虚，缺乏安全感和满足感。

其实，对于孩子的愿望和要求，父母要把握合适的限度，有选择地满足孩子。例如，父母要拒绝孩子的不合理要求，也要选择合适的时机满足孩子合理的愿望。这样孩子就会知道，有些要求是能被满足的，有些要求则是不合理的，不能得到满足。因为心怀期望，所以他们始终都在盼望着心愿的满足，也会对父母给予的满足非常珍惜和感恩。

在现实生活中，很多孩子不明白父母为何时而大方，时而吝啬。例如，青春期的女儿想要购买一件漂亮的公主裙作为礼物，以圆自己的公主梦，但是妈妈总是说平日里穿着公主裙很不方便,因而拒绝女儿的请求。女儿误以为妈妈很小气,很吝啬,妈妈却买了一件更昂贵的、样式简约的裙子送给女儿。女儿感到困惑不解,不知道妈妈既然愿意花钱,为何不能买一件她喜欢的裙子送给她。在很多家庭里,父母为孩子花钱都体现出这样的特点:对于自己认为该花的钱,例如给孩子报名参加兴趣班或者补习班,父母特别慷慨大方,一点儿都不心疼钱;对于自己认为不该花的钱,哪怕孩子只是想买一个几块钱的小物件,也会坚决拒绝,绝不允许浪费分文。父母不曾想到的是,对于还没有赚钱能力、无法实现经济独立的孩子而言,那些在父母眼中不值一提的愿望,却能给孩子带来极大的满足。孩子凭着感觉认知世界,感知父母,当看到父母不愿意花十几元钱为他们购买手机壳时,他们会忍不住怀疑父母的爱,情感世界也会因此而出现巨大的空缺。在抚养孩子长大的过程中,如果父母总是打压孩子的欲望,那么孩子就会产生匮乏感。有些孩子小时候被父母亏欠,直到长大成人依然在寻找机会补偿自己。有些父母购买自己小时候想玩但没有的玩具给孩子,其实就是在弥补自己在物质上的匮乏和在情感上的空缺。**因此,父母要适度满足孩子的要求和欲望,以既能给孩子带来满足感,让孩子感受到父母的爱,又不至于纵容孩子为宜。**

不可否认的是,的确有些孩子不知道父母的辛苦,总是对父母提出过高的、不切实际的要求。例如,有些青春期的孩子看到身边的同学、朋友全身穿着名牌,就要求父母为他们购买名牌服饰,而从不思考这是否超出了父母的经济承受能力;有些孩子看到身边有人用最新款的手机,就当即向父母索要最新款的手机,丝毫没有想到一台最新款的手机可能要消耗父母几个月的薪水。面对孩子的不情之请,父母一定要学会拒绝。

在拒绝孩子时,单纯地对孩子说"不"只是形式上的拒绝,而无法起到拒绝的作用。父母要通过拒绝孩子，回应孩子的请求，也以拒绝孩子作为教养的策略，帮助孩子建立自律自立的能力，引导孩子学会权衡请求是否合理，与此同时也培养孩子延迟满足的能力，让孩子学会等到合适的时机再寻求满足。由此可见，**拒绝不是简单粗暴地拒绝孩子，而是要给予孩子合理的理由，也要坚持以温柔坚定的态度进行阐述。**

在拒绝孩子时，有些父母义正词严，他们坚信自己是为了孩子好，是爱孩子的。殊不知，孩子的心灵很稚嫩，哪怕是青春期的孩子依然心智发育不成熟，因而需要依赖父母。为此，简单粗暴的拒绝很容易伤害孩子的心灵，使孩子误认为父母不爱他们，舍不得为他们付出。为了满足自己的愿望，有些孩子不得不讨好父母，他们故意在父母面前表现出乖巧的一面，他们努力学习以取得好成绩，这样才能让父母满意。渐渐地，他们形成讨好型人格，即便长大成人步入社会依然会讨好身边的人，这当然很糟糕。

和以强硬态度拒绝孩子的父母不同的是，有些父母总是向着孩子，因为他们不忍心看到孩子情绪暴躁激动，伤心落泪。从孩子的角度来说，一旦发现自己的情绪会影响和左右父母的行为，他们就会变本加厉，屡试不爽地运用这个招数对待父母，与父母进行心理博弈。在父母的骄纵宠溺中长大的孩子，稍有不满就无法忍受，因而会做出冲动、偏激的行为，甚至在进入青春期之后离家出走，以威胁父母。

小贴士

作为父母，既不要态度强硬地拒绝孩子的所有请求，也不要总是被孩子牵着鼻子走，动辄向孩子妥协。只有温柔坚定地拒绝孩子，引导孩子接受被拒绝的现状，消化负面情绪，也教会孩子控制欲望，把自身的欲望保持在合理限度内，才能从根本上教育好孩子。温柔坚定，既能表达拒绝的决心，也能让孩子感受到父母的爱，因而孩子接受拒绝也就水到渠成了。

03 第三章

掌握沟通技巧,
以非暴力沟通打开孩子心扉

远离语言暴力，让家不再伤人

在家庭教育中，很多父母无意间就会以语言侮辱、伤害孩子，而毫不自知。如果父母始终无法意识到语言的杀伤力，以及口不择言给孩子带来的伤害，那么这种伤害就会持续下去，给孩子的心灵留下无法愈合的伤口。大多数父母之所以对孩子说话不假思索，是因为他们认为自己生养了孩子，就有权力掌控和支配孩子，所以他们会严厉地训斥孩子，用恶言恶语打击孩子。父母要知道，孩子尽管因为父母才来到这个世界上，但是他们既不属于父母，也不依附于父母。**孩子是独立的生命个体，有属于自己的人生。**

众所周知，家是每个人的归宿，是人生中最温暖的港湾。很少有人知道，家也是伤人的地方，也会使人陷入最绝望的深渊。当父母总是摆出一副高高在上的家长姿态，当父母总是单方面输出，向孩子灌输各种大道理，当父母以自我为中心，而丝毫不在乎孩子的感受和体验，父母就会肆无忌惮地对孩子说话，从不认真斟酌哪些话该说，哪些话不该说。如果我们因此认定这些父母智商和情商都很低，根本不懂得语言沟通的艺术，那就大错特错了。事实证明，这些父母在家以外的地方，或者对待除了孩子之外的家人，说话总是很得体，令人感觉舒适。尤其是在工作环境中，面对上司、同事和客户，他们更是能以语言打动他人的心，从而顺利地完成工作。可见，父母并非不擅长表达和沟通，而只是太轻视孩子的感受。

俗话说，说出去的话如同泼出去的水，是无法收回的。当父母言辞犀利地对孩子说出一句句如同刀子一样的话，必然在孩子的心灵深处留下严重的创伤。对于孩子而言，这样的创伤也许终生都难以愈合，而他们与父母的关系也因此始终存在裂痕，不可能真正修复。

青春期孩子自尊心强烈，心思敏感细腻。**父母在与孩子沟通时，要仔细斟酌语言，而切勿说者无心，听者有意**。很多时候，父母无心说出的一句话，就会被孩子牢牢地记住，也会在孩子心中引起剧烈的情绪波动。此外，父母是孩子最亲近且最信任的人。小的时候，孩子缺乏自我评价能力，往往会把父母的评价作为自我评价，可见父母对孩子的影响巨大且深远。**要想当好父母，一定要先学会与孩子沟通，对孩子温言细语，而不要用语言暴力伤害孩子，更不要因此使家变成让孩子迫不及待想要逃离的地方**。

在八年级的学习中，马丁的成绩总是起起伏伏，波动很大。对于马丁的学习表现，爸爸很不满意。爸爸在外地工作，每个周末才会回家。上个周末离开家前，爸爸得知马丁即将迎来期中考试，因而严肃地对马丁说："马丁，希望下个周末回来，我能看到你令人满意的成绩单。"尽管爸爸只说了这一句话，但是马丁却感到压力很大，他知道爸爸一直以来都对他寄予了很高的期望。

周一，期中考试如期举行。马丁特别紧张，看到数学试卷上有一道分值很大的题目不会做，他头脑中一片空白。可想而知，马丁发挥失常，数学成绩一塌糊涂。爸爸满怀期望地回到家里，看到马丁低着头拿着成绩单，爸爸很失望，当即无法控制住怒气，冲着马丁喊道："你这个窝囊废，考成这样。真不知道我怎么有你这样无能的儿子。"听着爸爸的话，马丁的眼泪簌簌而下。他很想考取好成绩，让爸爸为他骄傲，但是他不知道应该怎么做。他想：既然你说我是个窝囊废，那就别再要求我考出好成绩了。自从这次考试之后，马丁再也没有动力坚持学习了，他的头脑中始终回旋着爸爸的那句话，常常感到心灰意冷。

在这个案例中，爸爸固然望子成龙，却不该口不择言地给马丁贴上"窝囊废"的标签。青春期正是男孩子培养男子汉气概的关键时期，爸爸固然对马丁的学习成绩感到不满，也不该彻底否定马丁，更不能以这样的负面标签挖苦、讽刺马丁。有人说，毁掉孩子的最好方式就是砸碎孩子的自尊心。显然，马丁爸爸的做法就达到了这样的效果。如果爸爸能改变沟通的方式，看到马丁的坚持和努力，也认可马丁的付出，对马丁表达殷切的期望，那么马丁就会产生不同的感受，也会为了更加接近爸爸的目标而不懈努力。可见，父母的一句话就会改变孩子的心态和行为，甚至会扭转孩子的命运。<u>所以，作为父母，我们一定要谨慎地与孩子沟通，也要时刻牢记呵护孩子稚嫩的心灵。</u>

语言暴力的种类多种多样。诸如，父母会给孩子贴上负面标签，使孩子形成错误的自我认知，甚至陷入自卑的泥沼中无法自拔，还会打击孩子的积极性，使孩子误认为自己不管多么努力，都不可能有所改善，因而自暴自弃。父母的挖苦、讽刺、指责会伤害孩子的自尊心，使孩子疏远父母，与父母产生隔阂，最终导致亲子关系破裂，家庭教育无以为继。父母长期对孩子进行语言伤害，孩子还会变得自闭、冷漠，或者产生社交障碍，性格软弱怯懦，畏畏缩缩，不管做什么事情都要征求父母的意见，直到得到父母的批准，他们才敢尝试。当孩子出现这样的行为表现时，父母一定要引起重视，也要改变与孩子沟通的方式，从不由分说批评孩子，转变为发现孩子的闪光点，鼓励和支持孩子；从总是打击和否定孩子，转变为发现孩子的长处，认可孩子点点滴滴的进步，使孩子获得成就感和满足感；从总是对孩子冷漠、疏远、不耐烦，到对孩子充满关爱，富有耐心，也愿意回答孩子一个接一个的问题，给予孩子积极的回应。

总之，家应该是让孩子感到安全、温暖的地方，而不应该成为孩子恐惧、害怕的地方。对孩子而言，父母在的地方就是家；对于父母而言，孩子在的地方就是家。既然家是由父母和孩子共同组成的，那么父母就要营造温馨和谐的家庭氛围，给孩子提供充满幸福快乐的成长环境。

小贴士

暴力教育固然能让孩子暂时屈服或者顺从，却不能让孩子内心安宁。只有远离语言暴力，坚持以温和坚定的语言引导孩子，孩子才会接纳父母的教育，充满向上的力量。

不吼不叫，孩子才会听话

网络上流行很多父母陪伴孩子写作业的段子，这些段子固然充满黑色幽默的意味，却也能够在一定程度上反映现实生活中家庭的场景，以及父母教育孩子的状态。大多数段子的描述是符合现实情况的，即每当晚上写作业时，父母总是歇斯底里，大吼大叫，孩子总是委屈万分，泪如雨下。有些孩子为了配合妈妈的河东狮吼，还会故意大声哭喊，仿佛想要用声音与妈妈一较高下。每当这时，有些爸爸因为担心被战火牵连或者误伤，索性一吃完晚饭就赶紧找借口逃出家门，他们或者在附近的公园里散步，或者漫无目的地在街道上闲逛，总之孩子不完成作业，他们是不敢回家的。从爸爸的表现，足见妈妈河东狮吼的威力无穷。

难道这意味着爸爸很温柔吗？当然不是。爸爸的温柔只在不负责辅导孩子完成作业的日子里。其实，在平日里，妈妈也是很温柔的。简而言之，只要不提到作业或者学习，大多数家庭里都母慈子孝，其乐融融。一旦需要完成作业或者辅导学习，则家庭生活的画风陡然转变，马上变得剑拔弩张，一地鸡毛。一般情况下，父母与孩子的战争必须以其中一方心力交瘁、筋疲力尽结束。

面对不听话的孩子或者犯错误的孩子，父母为何要大吼大叫呢？常言道，有理不在声高。难道父母是以高声调掩饰内心的脆弱吗？还是以高声调为自己加油助威，助长威风呢？**从沟通的角度来说，当父母肆无忌惮地提高声调，则意味着父母已经处于失控的边缘。每当这时，父母要有意识地降低声音，尽量做到低声与孩子沟通。** 和高声调容易给孩子带来压迫感，使孩子与父母对立不同的是，低声调代表着理性，也能吸引孩子更加专注地听话，并且能提升说服力，让孩子甘愿听从父母的建议或者指导。既然低声说话的好处这么多，父母一定要理性地与孩子沟通，也尽量保持低声调。

父母是孩子的第一任老师，孩子则是父母的镜子。作为父母，当发现孩子喜欢吼叫时，一定要先反思自己与孩子的沟通方式，这样才能从根源上解决问题。很多父母误以为只有吼叫才能给孩子施加压力，其实不然。对于小孩子，父母大声吼叫的确能起到震慑的作用，但是也仅限于震慑而已。对于青春期的孩子，他们已经渐渐长大，在力量上接近父母，所以不会再被父母的吼叫吓住。要想打动孩子的心，让孩子心悦诚服，父母就要坚持低声与孩子沟通。越是内心怒火中烧，越是要保持心平气和，耐心地与孩子交流。只要父母坚持这么做，就会发现孩子从叛逆变得越来越听话。**尤其是在亲子关系紧张、父母和孩子处于对立状态时，父母要主动降低音量，这样孩子也会降低音量，从而缓和沟通的紧张气氛，消除尴尬，推动沟通继续进行下去。** 反之，如果父母提高音量，那么孩子也会提高音量，沟通就会变成声嘶力竭的争吵，自然无法继续下去。

心理学领域的低声效应告诉我们，有理不在声高。在管教孩子时，父母越是按捺不住想要批评孩子，越是要使用低声，这样才能起到更好的效果。

傍晚，妈妈接到老师的电话，得知詹敏在学校里和女同学发生了矛盾，甚至还说了脏话，动手打人。妈妈当即向老师表示歉意，并且赶去学校配合老师处理这件事情。来到老师的办公室，看到詹敏满脸委屈地站在那里，妈妈突然间心软了，意识到平日里友好和气的詹敏很有可能受了委屈。为此，妈妈没有急于批评詹敏，而是询问老师事情发生的缘由。为了更好地复原当时的情况，老师叫来另一位女生，让她们当着老师和父母的面把事情的前因后果讲清楚。

两人表述完，老师和家长渐渐弄明白事情的起因。原来，那个女生嘲笑詹敏是大胖子，詹敏恼羞成怒，才会责骂那个同学，并忍不住动手打了她。老师先是批评了那个女生不该嘲笑同学，继而严厉批评詹敏不能动手打人。看到詹敏满脸委屈和不服气的模样，妈妈知道老师并没有让詹敏心服口服，她担心詹敏会当着自己的面让老师下不来台，因而赶紧压低声音对詹敏说："詹敏，不管怎样都不能打人，明白吗？你要向那位同学道歉，也跟老师保证不再犯同样的错误。"詹敏知道妈妈向来说话大声，突然听到妈妈压低声音，她意识到事情的严重性，因而赶紧乖乖服从妈妈的命令，向那位同学和老师道歉。在老师的协调下，这件事情圆满解决了。回家的路上，詹敏仿佛突然间想起什么，询问妈妈："妈妈，你今天说话的声音怎么那么小啊？"妈妈说："因为我很担心你会当众让老师难堪，那样事情就没法收场了。"詹敏如释重负，说道："原来如此。突然听到你用这么小的声音说话，把我吓坏了，虽然我压根不想道歉，但还是照着你的话做了。"妈妈欣慰地点点头，说道："不愧是我的女儿，真是知母莫若女啊！不过，以后可要记住了，别人骂你，你可以回骂，但是不要动手打人。一旦动手打人，事情的性质就变了，知道吗？"詹敏连连点头。

在这个案例中，妈妈为了提醒詹敏事情的严重性，低声对詹敏下达道歉的指令，充分体现出低声效应的超强作用。不管是在社会生活中，还是在家庭生活中，我们都有必要适时运用低声效应，以达到更好的沟通效果。**越是在情**

绪激动的时候，我们越是要控制情绪，压低声音，这样才能引起对方的关注和重视。

仅从音调高低的角度看，当一个人低声说话，另一个人必须专注地听，才能听清楚对方表达的内容。即使听话者并不想集中注意力听，他也会因为条件反射而做出倾听的动作，并且在本能的驱使下尽量捕捉所有谈话的内容。低声说话好处多多，不但能够吸引听话者关注，而且能够营造私密的氛围，使当事人意识到这是一场私密的谈话，不能被他人听见。很多人都知道促膝长谈这个成语，那么不妨低声说话营造促膝长谈的氛围。此外，如果是要表达批评，那么低声说话则能缓解紧张的气氛，让彼此都放松下来。

小贴士

低声说话能给人带来平静愉悦的感受，也帮助对方保持理智。父母对孩子低声说话，则能表达对孩子的尊重和平等对待，使孩子消除对立的心理，愿意敞开心扉聆听父母的教诲。当孩子习惯于低声与父母沟通，那么他们就会养成低声说话的好习惯，在与他人沟通时做到克制情绪、低声表达，从而促进沟通顺畅进行。

不否定不贬斥，看到孩子的进步

在这个世界上，没有谁比孩子更渴望获得好成绩，即便父母也包括在内。遗憾的是，很多父母不曾意识到这一点，他们自诩最爱孩子的人，对孩子怀有殷切的期望，也迫不及待对孩子揠苗助长，希望孩子在很小的时候就表现出异于常人的天赋，既赢在起跑线上，也争取第一个到达终点。为此，父母对孩子怀有过高的期望，使孩子无论多么努力都无法达到父母的要求，满足父母的期望。作为父母，一旦对孩子感到失望，就会贬斥孩子。所谓贬斥，顾名思义就是既贬低孩子，也严厉斥责孩子，既嘲笑、挖苦、讽刺孩子，也否定孩子。可想而知，在这样的多重打击之下，孩子必然受到心理创伤，也会彻底丧失自信。

众所周知，孩子如果生活在充满暴力的家庭环境中，经常被父母体罚，那么他们的身心发展就会呈现异常的状态。心理学家经过研究发现，父母贬斥孩子，以语言伤害孩子的心灵，会使孩子的身心发展状态远远落后于经常遭到体罚的孩子。由此可见，**语言是一把杀人不见血的刀子，如果说父母的巴掌落在孩子身上，让孩子感受到肉体的疼痛，那么父母的恶言恶语落在孩子心上，则会让孩子感受到心被撕碎的痛苦。**

父母贬斥孩子，相当于给孩子贴标签，与此同时还伴随着侮辱、谩骂和贬低等。这表明贬斥比体罚、贴标签等带给孩子的伤害更大。有些父母从未意识到自己的期望过高，给孩子带来了巨大的压力，也使孩子产生挫败感，反而会在孩子几经努力也无法达到父母期望的时候，口不择言地侮辱和贬低孩子，诸如说孩子是笨蛋，认定孩子不管怎么努力都不可能有进步，断言孩子的一生会很悲惨。当这些话从孩子最亲近、最信任的父母口中说出时，可想而知对孩子的杀伤力有多强。

孩子小时候完全信任和绝对依赖父母，如果没有父母无微不至的照顾和关爱，孱弱的新生命根本无法生存下来。在这个时期，父母对孩子的爱是无私的，也是不求任何回报的。然而，随着孩子不断长大，父母对孩子的爱有了附加条件，有些父母希望孩子表现得更好，有些父母希望孩子以优异的学习成绩为自己的脸上增光，有些父母把孩子当成婚姻的筹码要挟配偶。总之，父母对孩子提出各种各样的要求，也因为自己曾经无私地对孩子付出，而自认为有了掌控孩子的权利。这样的想法大错特错。

人们常说，爱之深，恨之切。其实，父母对孩子是爱之深，责之切。**无数父母打着为孩子好的旗号，对孩子提出过高的要求，本质上却是为了满足自己的虚荣心**。他们最喜欢做的事情，就是用自己家的孩子碾压别人家的孩子，显示出自己的优越感和成就感。父母这样的做法让孩子不堪重负，也让孩子想要逃离父母的身边。明智的父母能够意识到孩子是独立的生命个体，理应有属于自己的人生，也能够意识到自己无权干涉孩子的人生，而只能默默地祝福孩子。尤其是对于自我意识觉醒、独立愿望越来越强烈的青春期孩子而言，如果父母依然不合时宜地对孩子全权包办，那么孩子必然会感到压抑、愤怒，也会变得更加叛逆。尤其是有些父母总是用挑剔苛责的态度对待孩子，不管孩子有多么大的进步，也不管孩子通过努力做得多么好，在父母眼中，孩子只有不是，只有缺点，只有不足。他们习惯于否定、批评和打击孩子，无形中让孩子遭受严重的心理创伤，也失去自信，陷入自暴自弃的状态之中。还有些父母总是以自家孩子的劣势与别人家孩子的优势比较，借此机会表达对自家孩子的不满和抱怨，也贬低和打压自己家的孩子。

正如人们常说的，好孩子是夸出来的。**如果父母从来不懂得欣赏自己的孩子，那么孩子就会变得越来越糟糕。反之，父母唯有坚持认可和欣赏孩子，孩子才会渐渐成长为父母期望的样子。**

初三毕业后的暑假，趁着高中生活还没有正式开始，初中的学习也告一段落，妈妈决定给安慧报名游泳课。妈妈的想法很简单：游泳是必须学习的求生技能，哪怕在极端情况下，孩子无法游泳逃生，至少也能在水中扑腾以拖延时间，争取得到救援。所以不管安慧如何反对，妈妈都坚持报名缴费，并且还亲自"押解"安慧学习游泳。安慧几次三番拒绝妈妈跟她一起学习游泳，妈妈却充耳不闻，自行其是。安慧哪里知道，早在几年前在网络上看到孩子学习游泳溺亡的新闻，妈妈就打定主意必须全程陪同安慧学习游泳，而决不能把安慧的安全问题彻底交给教练，毕竟教练同一时间要负责很多学员，所以很容易忽略某个学员。

刚看到水，安慧特别害怕，压根不敢下水。尽管教练一次又一次地鼓励安慧，安慧也依然抗拒。后来，妈妈索性把安慧推到水里。安慧因此气得冲着妈妈大吼大叫，妈妈毫不示弱，说道："安慧啊，你丢人不丢人。你看看，那些比你小的孩子都能学会游泳，你有什么可怕的。你可真是个胆小鬼，你小时候不是最喜欢玩水的吗？现在怎么变得这么怂了。"妈妈当着教练的面训斥安慧，让安慧感到很丢脸，她只好硬着头皮下水了。十几节课过去，安慧终于不怕水了，但是，妈妈对于安慧学习的进度很不满意。在又一次游泳课上，妈妈又口无遮拦地说："安慧，你能不能努力努力。你看看，和你一起开始学习游泳的小孩子，现在都已经游得很熟练了。难道你连小孩子都不如吗？你快加油啊！"这一次，安慧忍无可忍，当即离开游泳馆，并且发誓再也

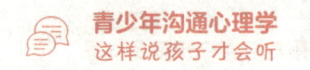

不跟着妈妈一起学习游泳了。

　　看到安慧怒气冲冲地离开,教练对安慧妈妈说:"安慧妈妈,你要看到孩子的进步啊!孩子原本就很怕水,现在能战胜对水的恐惧,已经是质的飞跃了。你不要心急,要给孩子时间慢慢来。你看,你总是这样说孩子,孩子受不了了吧!"

　　教练一语惊醒梦中人,妈妈这才意识到安慧很爱面子,再也不是不谙世事的小不点了。回到家里,妈妈郑重其事地向安慧道歉,并且认可了安慧的进步。安慧依然怒气冲冲,坚决要求妈妈不可以再跟她一起去学游泳,妈妈这才说出心中的担忧。得知不会水的旱鸭子妈妈原来是想保护自己,安慧忍不住破涕为笑。

　　在这个案例中,妈妈显然不懂得赏识教育的真谛,所以才会一而再再而三地贬斥安慧,最终惹恼了安慧。作为父母,在任何情况下都要看到孩子的进步,哪怕孩子的进步很小,父母也要慷慨地赞美孩子。这是因为孩子特别看重父母的评价,父母的赞美能够给予孩子强大的动力,帮助孩子建立信心。反之,如果父母总是贬低斥责孩子,也常常否定孩子,那么孩子的自我评价就会过低,有些孩子还会因此变得自卑,认定自己必然一事无成。

小贴士

　　对于如同一张白纸降临人世的孩子,将来能够成为怎样的人,在很大程度上取决于父母教育他们的方式。从这个意义上来说,父母贬斥孩子其实是在否定自己教育孩子的方式、方法。与其一味地贬斥孩子,不如积极主动地反思自己的教育方式是否需要改进,这样才能及时发现问题,第一时间解决问题,保证教育取得良好的效果。

不威胁不恐吓，让孩子有安全感

父母能够给予孩子的最好礼物，就是安全感。孩子只有在父母的关爱、呵护中长大，得到父母的陪伴和精心照料，才能获得安全感。然而，在漫长的成长过程中，孩子一定会犯错，也难免会有任性、不听话的时候。每当这时，有些父母就会威胁或者恐吓孩子，因为这是他们所知道的最行之有效的办法。他们认为，只有受到威胁或者恐吓，孩子才会妥协，才会听从父母的指令。实际上，**从教育孩子的角度来说，看似最行之有效的威胁和恐吓，却是父母最无奈也最无用的手段，根本不能列入教育方式的范畴。**

在父母的心中，他们还牢记着自己小时候受到的教育。例如，晚上躺在床上不睡觉，被父母吓唬马上会有怪兽出没；和父母一起逛街的时候不愿意与父母手拉手，被父母吓唬会被坏人偷走；吃饭的时候三心二意，压根没有胃口，被父母威胁会患上很严重的白血病一命呜呼；和同学吵架闹矛盾，被父母吓唬需要承担法律责任，被警察抓去坐牢……新晋父母在接触了很多全新的教育理念，终于意识到孩子需要呵护备至和安全感之后，他们忍不住怀疑：我究竟是怎样长大的？我为何没被父母吓死？由此可见，很多人都从自己的父母那里学会了威胁和恐吓孩子，并且屡试不爽地运用这种简单粗暴的方式压制孩子，而从未想过孩子稚嫩的心灵会因此留下阴影。

近年来，越来越多的教育专家提倡赏识教育，也号召父母认知和了解孩子的身心发展规律。因为这样才能更好地抚养孩子长大，也以全新的理念教育和引导孩子。要想从根源上解决教育问题，归根结底要先对父母开展教育，毕竟父母是孩子人生中的第一任老师，也在孩子漫长的成长过程中始终肩负着艰巨的教育职责。

对于小孩子，父母往往会捏造出世界上根本没有的怪物进行恐吓。随着孩子渐渐长大，不再相信世界上有妖魔鬼怪，父母只好要挟孩子"如果不听话，就不能去动物园""如果不听话，就要独自留在家里""如果不听话，就把你送去幼儿园"。其实，很多孩子原本并不抵触去幼儿园，正是因为父母总是以去幼儿园恐吓他们，所以他们才渐渐意识到幼儿园是可怕的地方，是专门用来惩罚那些不听话的小朋友的。当孩子形成这样的想法，他们还怎么会心甘情愿、兴高采烈地去幼儿园呢！

毫无疑问，对于青春期的孩子，父母上述各种恐吓和威胁的手段统统失效了。毕竟青春期的孩子已经学习和掌握了大量知识，并且开始拥有独立的思维模式，能够进行独立的思考。简而言之，他们不再完全信任父母，反而常常质疑父母所说的话是否正确。这使他们越来越叛逆，具体表现就是不听话。面对青春期叛逆的孩子，父母又该如何是好呢？**其实，父母最重要的是转变观念，要认识到教育的本质不是以威胁恐吓的手段让孩子产生危机感，而是要表达对孩子无条件的爱，让孩子确信他们始终是安全的，因而能够健康自由地成长，变得独立、自信、勇敢。**

★

高一开学不久，杜伟就常常失眠，感到学习压力很大，就连做梦都梦见上课、考试。得知杜伟的情况，妈妈很着急，第一时间带着杜伟去看心理门诊。在排除了患上抑郁症或者其他心理疾病的可能性之后，妈妈询问杜伟对于学习的真实感受，这才知道杜伟很担心将来考不上理想的大学，既辜负了爸爸妈妈的苦心栽培，也失去了鲤鱼跃龙门的机会。对此，妈妈安慰杜伟："小伟，你只管认真努力地学习，至于结果并不是最重要的。每个孩子学习的天赋不同，学习能力有强有弱，所以爸爸妈妈不会强求你必须考上哪一所大学。你放心吧，不管你在学习上的表现如何，爸爸妈妈都会一如既往地爱你。哪怕你最终考不上大学，我们也会想办法让你学习一门手艺，将来好养家糊口。你看看，社会上有那么多人没有读过大学，他们不是照样活得好好的吗？所以，你既不要担心，也不要害怕，更不要有心理负担。你能考上理想的大学更好，那是你的能力。你如果考不上理想的大学，咱们还可以退而求其次，上差一点儿的大学。即使考不上大学，也无须担心，我和爸爸有超市，大不了带着你开超市。总之，老天饿不死瞎家雀，人总能找到活路。"

起初，爸爸担心妈妈这样说，会让杜伟失去努力学习的欲望和动力。不想，杜伟自从明确得知爸爸妈妈对于他学习的态度之后，反而放下了心理负担，在学习上表现出前所未有的轻松状态。到了高二，杜伟获得了巨大的进步，距离理想的大学越来越近了。

很多父母自作聪明，每当孩子说学习辛苦，学习压力大，他们就会自欺欺人地否定孩子的感受，告诉孩子："成年人的生活才是最辛苦的，你们作为学生不需要养家糊口，只需要学习，再轻松不过。"试问，父母这样的话连自己都骗不过，又如何能骗过孩子呢。不可否认的是，高中生的确特别辛苦，要把几乎所有的时间用来学习，因此而不得不狼吞虎咽地压缩吃饭的时间，还要缩减睡觉的时间。长期处于困倦和疲惫的状态，孩子的身心承受能力达到极限。作为父母，要认可孩子的感受，承认孩子的辛苦，只有以此为前提，才能鼓舞孩子继续努力，继续加油。尤其是在孩子因为担忧、紧张、焦虑而动摇时，父母切勿本着唯心主义的原则盲目地鼓励孩子，而是要如同上文中杜伟的妈妈一样，给予杜伟一条退路，让杜伟知道不管结果如何，爸爸妈妈都是他最坚强的后盾。这样孩子才能获得安全感，也才能没有顾虑地向前冲。

小贴士

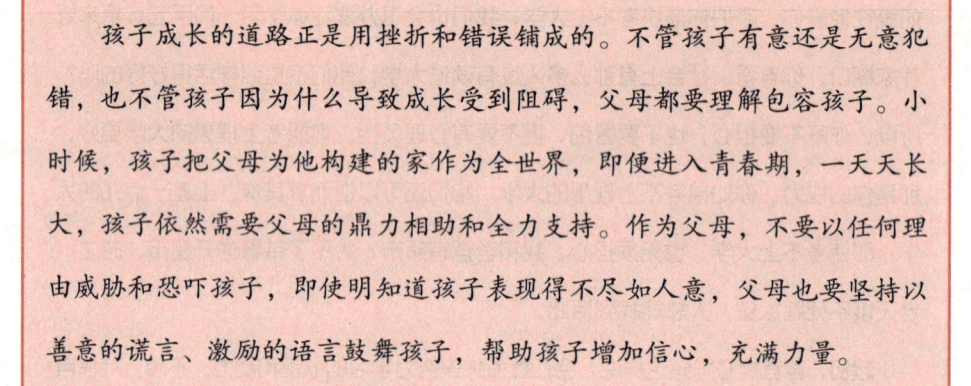

孩子成长的道路正是用挫折和错误铺成的。不管孩子有意还是无意犯错，也不管孩子因为什么导致成长受到阻碍，父母都要理解包容孩子。小时候，孩子把父母为他构建的家作为全世界，即便进入青春期，一天天长大，孩子依然需要父母的鼎力相助和全力支持。作为父母，不要以任何理由威胁和恐吓孩子，即使明知道孩子表现得不尽如人意，父母也要坚持以善意的谎言、激励的语言鼓舞孩子，帮助孩子增加信心，充满力量。

与孩子对视，真正看见孩子

大多数父母每天能看到孩子，但是只有极少数父母能够真正看见孩子。看到，不代表看见。看见，需要与孩子进行眼神交流。在沟通的过程中，眼神交流是一种最基本的非言语沟通形式。人们常说，眼睛是心灵的窗户，所以通过与他人进行眼神交流，我们能看到他人的情绪状态，分辨出他人是愿意沟通还是抗拒沟通，也能洞察他人内心真实的想法。既然眼神交流如此重要，那么父母一定要学会与孩子对视，通过与孩子进行眼神交流，真正看见孩子，了解孩子的内心状态，促进亲子沟通顺畅展开。

细心的父母会发现，几个月大的婴儿就已经具备察言观色的能力。当看到照顾者满面笑容，他们的神情就会缓和下来；当看到照顾者满脸严肃，他们的神情就会异常严肃，甚至还会"哇"的一声哭起来。小小的婴儿就具备如此敏锐的观察能力，这是令人惊奇的，但也充分说明眼神的力量非常强大。在正常的语言交流中，交流双方为了保证基本沟通，也离不开眼神交流与互动。只有进行眼神交流，才意味着双方都专注地投入交流之中。

在亲子沟通中，很多父母一边忙着手里的事情，一边敷衍和搪塞孩子，这会使孩子感到兴致索然，对继续与父母沟通失去兴趣。只需要换位思考，想到自己在与孩子沟通时，常常要求孩子看着自己的眼睛，父母就能理解孩子的感受。**要想保证亲子沟通顺利进行，父母和孩子都要注视对方，也要用眼神与对方交流。当对方正在倾诉或者表达时，作为倾听者无法插话，那么就可以用眼神鼓励对方，表达对对方的关注。**

需要注意的是，眼神交流并不意味着要始终用眼睛盯着对方。有的时候，孩子的眼神一直停留在父母的脸上，恰恰意味着他们走神了，或者对父母的话并没有完全听进去。在听的过程中，如果孩子的眼神时而看向其他地方，或者回避父母的眼神，那么则意味着他们正在思考父母讲述的内容。简而言之，持续的对视并非代表持续的专注。**父母要学会解读孩子的眼神，从而了解孩子对于沟通的态度。反过来，父母也要专注地听孩子讲话，而不要敷衍孩子，更不要与孩子交谈时三心二意。**

在交流的过程中，如果孩子突然抬头与父母对视，脸上写满疑惑，那么则意味着他们对于父母刚刚讲述的内容并不理解，或者有疑问；如果孩子频繁地看着父母，与父母进行眼神交流，那么则意味着孩子对父母提起的话题很感兴趣，也想要继续话题；如果孩子在整个谈话的过程中总是目光游移不定，脸上写满不耐烦，则说明孩子迫不及待地想要结束谈话。**当父母专注地与孩子沟通，坚持与孩子对视，真正看见孩子，那么就能读懂孩子的眼神，从而给予孩子积极的回应。**

进入青春期，孩子变得越来越敏感，有时父母无心之中说出一些话，孩子有可能特别重视，或者过度解读这些话。这使得孩子很容易对父母产生误解，也会因此导致自身情绪暴躁，起伏不定。有些孩子不愿意与父母沟通，经常把自己关在房间里减少与父母接触，哪怕父母主动询问他们一些事情，他们也会厌烦地敷衍父母，或者索性关闭心扉，拒绝与父母交流。面对孩子在青春期的这些异常表现，父母不要认为沟通只能通过语言，而是要看到沟通的方式多种多样,既有眼神的交流,也有肢体动作的表达,还有一些无意间做出来的事情,都能表现出孩子的心理状态和情绪状态。父母必须对此引起重视。

那么,青春期的孩子究竟是如何想的呢?他们不再像此前那样关注沟通的具体内容,而是更敏感地觉察父母与他们沟通的态度是尊重的、平等的,还是高高在上的、充满压迫感的,是理解的、包容的,还是训斥的、充满掌控欲的。作为父母,在和孩子沟通之前要调整好心态,控制好情绪,这样才能通过眼神向孩子传达积极的信息。有些父母尽管伪装了态度,组织好语言,也表现得心平气和,但是他们的眼神里却充满怀疑,充满焦虑,更传达出不认可孩子的信息,这当然会让青春期的孩子感到不满。为此,父母要善于运用眼神传递信息,以表达积极正向的力量。

很多父母与孩子沟通都滔滔不绝,口若悬河,却忽略了在沟通的过程中,往往是他们在搞一言堂,而孩子很少回应。面对青春期的孩子,父母要认识到过多的语言表达会引起孩子的反感,也让孩子心生厌烦。父母一定要学会精简语言,也要学会利用非语言表达传情达意。实际上,和多说相比,少说的要求更高,难度更大。这意味着父母要观察孩子的行为举止,了解孩子的状态,也意味着父母要发自内心地尊重和平等对待孩子,把语言沟通和非语言沟通结合起来,尤其注重与孩子进行眼神交流。

俗话说,响鼓不用重锤。对于敏感自尊的青春期孩子,父母一个鼓励的眼神就能让他们感受到无限的力量;父母一个警告的眼神就能让他们意识到自己犯了不该犯的错误;父母一个疼爱的眼神就能让他们确信自己是被父母爱着的,因而获得安全感;父母一个意味深长的眼神就能让他们主动反思自身的行为举止是否合适,帮助他们提升自己的综合表现……

小贴士

在教育领域，很多人都信奉一句话，即明智的父母以眼神教育孩子，平凡的父母用嘴巴教育孩子，糟糕的父母用拳头教育孩子。父母要学会利用眼神，也把眼神作为有效的教育手段，这样才能与孩子"对视"，真正看见孩子。

第三章
掌握沟通技巧，以非暴力沟通打开孩子心扉

常常拥抱孩子，感情是沟通的基础

在美国的威斯康星大学，著名心理学家哈洛进行了一系列实验，目的在于研究感情对于幼儿成长的重要性。在实验中，他把两只幼猴与猴妈妈分开，然后在笼子里放入了两只金属圆筒，作为金属母猴取代真正的母猴。其中，一只金属母猴是冷冰冰的，裸露着金属，另一只金属母猴则被包裹上毛茸茸的毛巾，变成了布母猴。这两只母猴都装备了奶瓶，所以两只幼猴不管亲近哪只母猴，都能吮吸到奶瓶里的奶。在经过一系列的实验之后，哈洛发现除了吃奶时间之外，不管布母猴是否能提供食物给幼猴，幼猴都喜欢亲近布母猴。

当哈洛把刺激物——一只发条玩具熊扔进笼子里时，由布母猴单独抚养的幼猴马上跳到布母猴身上寻求保护和安慰，继而小心翼翼地探索刺激物。由金属母猴单独抚养的幼猴则试图用力推开怪物，这直接导致它摔倒在地板上，或者与笼子发生碰撞。由此可见，幼猴喜欢拥抱和亲近布母猴，与布母猴之间形成了亲子依恋关系。而对于金属母猴，幼猴则不喜欢亲近，更不愿意拥抱金属母猴，也就没有与金属母猴形成亲子依恋关系。

在人类社会中，如果父母与孩子之间形成亲子依恋关系，也能及时巩固亲子依恋关系，那么孩子不管处于哪个年龄阶段，都会因此而受益。**在人类社会中，拥抱是表达爱的重要方式，拥抱使人与人之间零距离。**新生命呱呱坠地之后，要在父母的怀抱里才能感受到安全。尤其是与妈妈的零距离接触，让新生命感受到妈妈熟悉的心跳，闻着妈妈熟悉的味道，他们马上就会停止哭泣，安然入睡。随着渐渐长大，几个月大的婴儿就已经学会伸出双手求抱抱了。这是因为拥抱是婴儿与他人沟通的最初方式。他们通过拥抱，近距离甚至零距离接触照料者，与照料者之间建立亲密无间的依恋关系，获得安全感。心理学家经过研究发现，如果孩子在儿童阶段能够经常得到父母的拥抱，与父母建立亲密的亲子关系，那么这种依恋和安全感将会影响孩子的一生。拥抱能够使孩子获得安全感，更加依恋父母，使孩子身心健康地成长。拥抱，还能直接表达爱，帮助父母和孩子建立情感联结，使孩子确信自己是被父母爱着的，因而感到安全。有些孩子从小没有得到父母的爱，没有得到父母的拥抱，所以他们就会拥抱布玩偶，以此弥补自己的情感空缺。然而，这只能填补他们心中的空缺，却无法满足他们对关爱的渴望。

拥抱对于孩子如此重要，遗憾的是，很多父母在孩子小时候频繁地拥抱孩子，随着孩子渐渐长大，进入青春期，他们却很少拥抱孩子了。这是因为父母不善于表达对孩子的爱，也不习惯以这样积极热烈的方式亲近孩子。当父母不理解为何青春期的孩子变得越来越叛逆，总是疏远父母时，不妨继续拥抱孩子。**事实证明，当父母敞开怀抱拥抱孩子，或者伸出胳膊搂着孩子的肩膀，孩子就能感受到父母的爱从未改变，也会一如既往地亲近父母、信赖父母。**

青春期的孩子受体内激素水平的影响，又因为承受着巨大压力，所以很容易出现情绪波动。心理学家经过研究发现，拥抱能够使人类大脑分泌多巴胺，这是一种令人感到愉快的大脑物质；也能使人类大脑分泌出血清素，这种物质能够缓解焦虑紧张的情绪，还能有效改善和增强记忆力，提升免疫力，使人感到心情愉悦。为此，父母要经常拥抱青春期的孩子，也鼓励青春期的孩子与身边的人拥抱，诸如与老师、同学、朋友和其他亲人等。

父母充满爱意和力量的拥抱，能够传递给孩子强大的力量，让孩子身心放松，感受到父母的信任、理解、尊重和支持。尤其是在承受压力的情况下，孩子就能因此释放压力，有效地改善自身的状况。

很多父母不认为青春期孩子需要承受压力，因而忽略了在精神上支持孩子，在情感上温暖孩子。实际上，青春期的孩子承受着各方面的压力，例如学习的压力、人际交往的压力、考试的压力等。<u>父母既要找机会与孩子进行深入的沟通和交流，也要经常拥抱孩子，与孩子建立感情的联结</u>。父母坚持这样去做，就能帮助孩子缓解压力。当然，拥抱并不限于悲伤、难过、紧张、焦虑等糟糕的状态下，父母也可以在开心、喜悦、高兴等特殊的时刻里拥抱孩子。具体来说，在孩子考试发挥失常时，父母要拥抱孩子，安慰孩子；在孩子获得重大奖项时，父母要拥抱孩子，和孩子分享喜悦；在孩子结交了新朋友时，父母要拥抱孩子，对孩子表示祝贺；当孩子与好朋友吵架或者闹矛盾时，父母要拥抱孩子，给予孩子支持。总之，当父母找一切理由和借口，也抓住一切机会拥抱孩子时，孩子就会给予父母积极的回应。在互相拥抱的过程中，爱变得越来越浓厚炽烈，父母与孩子的关系也会更加亲密无间。

小贴士

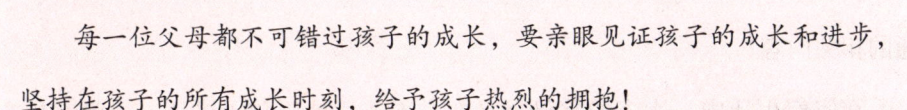

每一位父母都不可错过孩子的成长，要亲眼见证孩子的成长和进步，坚持在孩子的所有成长时刻，给予孩子热烈的拥抱！

学会倾听，倾听才是沟通的第一步

有些人误认为沟通始于表达，为此他们在刚刚开始与人沟通时，就喋喋不休，滔滔不绝。殊不知，**真正的沟通始于倾听**。在沟通的诸多形式中，倾听是最容易被忽略的一种形式，正是因为大多数人误解了沟通，也以错误的方式开始了沟通。**从本质上来说，倾听是无条件的积极关注**。有人说，造物主之所以让每个人都长了一张嘴巴，而长了两只耳朵，恰恰是为了提醒人们始终要坚持多听，少说。和没有分寸、口若悬河的表达相比，倾听是更受欢迎的。

倾听有五个重要的元素，即用心听到、保持专注、加深理解、积极回应和有效记忆。对于倾听，大多数人的理解是肤浅的，认为只要贡献出两只耳朵就能做到倾听。其实不然。我们只有全身心投入，无条件地积极关注，才能在沟通时感知对方用言语传达的信息，也捕捉到对方用非言语传递的信号，从而做到理解对方，与对方产生共情，及时地回应对方，并且能够回忆起与对方沟通的相关内容。

在家庭生活中，太多的父母只是在心不在焉地听孩子讲话，而没有用心思考孩子说了什么，为何这样说。有些父母更是主观臆断孩子想要表达的意思，最终误解了孩子，委屈了孩子。显而易见，这不是真正的倾听，也不会起到倾听的作用。

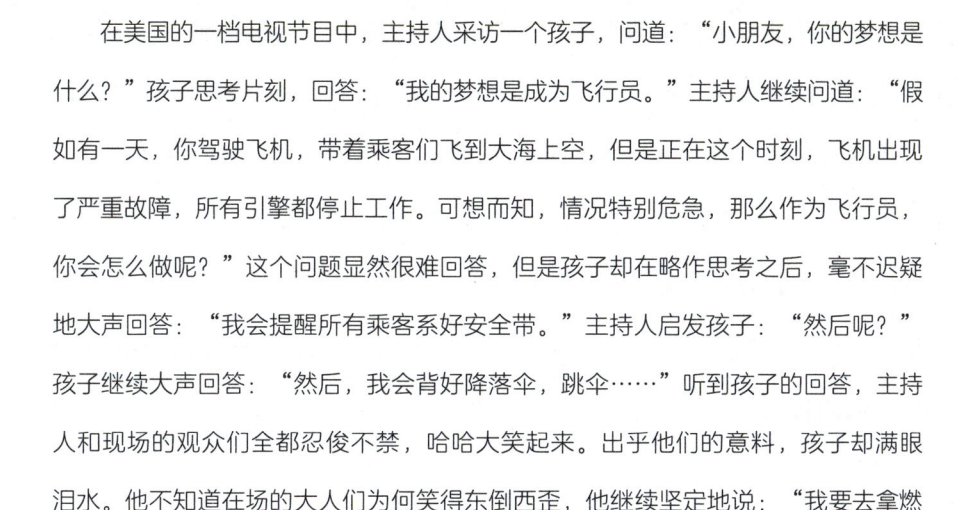

第三章
掌握沟通技巧，以非暴力沟通打开孩子心扉

在美国的一档电视节目中，主持人采访一个孩子，问道："小朋友，你的梦想是什么？"孩子思考片刻，回答："我的梦想是成为飞行员。"主持人继续问道："假如有一天，你驾驶飞机，带着乘客们飞到大海上空，但是正在这个时刻，飞机出现了严重故障，所有引擎都停止工作。可想而知，情况特别危急，那么作为飞行员，你会怎么做呢？"这个问题显然很难回答，但是孩子却在略作思考之后，毫不迟疑地大声回答："我会提醒所有乘客系好安全带。"主持人启发孩子："然后呢？"孩子继续大声回答："然后，我会背好降落伞，跳伞……"听到孩子的回答，主持人和现场的观众们全都忍俊不禁，哈哈大笑起来。出乎他们的意料，孩子却满眼泪水。他不知道在场的大人们为何笑得东倒西歪，他继续坚定地说："我要去拿燃料，然后回到飞机上，带着所有乘客安全降落。"孩子话音刚落，现场所有人都陷入了沉思，他们满脸羞愧。

在和孩子沟通的过程中，很多父母会如同上述故事中的主持人和观众一样自以为是。他们总是从主观的角度出发思考和揣度孩子，甚至因此而打断孩子的诉说，由此严重地误解孩子。这是因为成年人的思维模式与孩子的思维模式是不同的，成年人具有更强的主观性，也常常犯经验主义的错误。有些父母还会带着强烈的情绪，先入为主地与孩子沟通，他们不由分说地批评指责孩子，向孩子灌输各种大道理，也会对孩子进行说教。这些思维习惯和行为表现，都会阻碍他们认真倾听孩子，也使他们无法了解孩子真实的想法和心理状态。**要想走入孩子的内心，父母就应该积极地关注孩子，认真地倾听孩子，与孩子之间建立和保持良好的沟通，也能彼此尊重和信任。**

在沟通之前，如果发现孩子的情绪比较激动，那么父母首先要接纳孩子的情绪，安抚孩子，这样才能帮助孩子恢复平静，继而倾听孩子讲述事情的原委，以及孩子心中真实的想法。在沟通的过程中，父母要做到专注地倾听孩子，积极地回应孩子，也要注视着孩子，与孩子进行眼神交流。必要的时候，还可以通过点头、微笑、拍拍肩膀等方式给予孩子回应，这样也避免了打断孩子的表达，可谓一举两得。有的时候，孩子的想法单纯幼稚，父母要站在孩子的立场上思考和看待问题，理解和接纳孩子的想法，尝试着与孩子产生共鸣和共情，而切勿嘲笑讽刺孩子。当做到上述这些方面，也能根据孩子的情况及时调整沟通的状态，父母就能做到积极地倾听孩子的心声。

自从上初中，毛毛与父母之间的沟通越来越少。他常常把自己关在房间里写作业，哪怕面对父母的询问，他也总是三言两语搪塞过去。一天，全家人正在吃晚饭，毛毛忍不住对妈妈吐槽："妈妈，同学们都特别卷，就连大课间都在写作业。"妈妈点点头，回应毛毛："的确，学习的竞争很激烈，压力很大。"得到妈妈的肯定，毛毛继续说道："我觉得，大课间应该休息，既休息眼睛，也休息大脑。"妈妈当即表示赞同，说："我其实不建议你大课间也埋头苦学。学习是漫长的过程，不是靠着一段时间的冲刺就能决定一切问题的。大课间，你要走出教室远眺，也可以适度运动，放松紧张的大脑。俗话说，磨刀不误砍柴工。"毛毛显然没想到妈妈居然这么理解他，因而当即打开了话匣子，开始吐槽学习中遇到的困难，也告诉妈妈班级里有极少数同学特别奇葩。妈妈安静地听着毛毛讲述，时而点点头对毛毛表示认可，时而微笑着对毛毛表示同情。这顿晚饭，妈妈和毛毛吃了很长时间。毛毛一直不停地说啊说啊，妈妈从未表示厌烦，一直注视着毛毛的眼睛，专注地倾听。等到毛毛终于说完，饭菜也有些凉了，妈妈问道："要不，我把饭菜热一热，你再吃点儿？"毛毛摇摇头，说："我吃饱了，妈妈，我也说痛快了，谢谢你。"妈妈感慨地说："毛毛，不管你在生活中还是学习中遇到什么困难,有什么烦恼,妈妈都随时洗耳恭听,欢迎你向我吐槽。"毛毛开心地笑了。

面对青春期的孩子,父母最希望孩子能够敞开心扉尽情倾诉,最害怕孩子总是沉默不语,压抑内心。要想让孩子主动沟通,父母就要学会倾听孩子的心声,也以倾听赢得孩子的信任,打开孩子的心扉。

真正倾听孩子的父母,能够理解孩子的心声,与孩子共情,走入孩子的内心。 青春期孩子自我意识开始觉醒,他们既渴望摆脱父母细致入微的照顾获得独立的空间,又渴望得到父母的理解和尊重,从而在精神上和情感上充满力量。在陪伴孩子的过程中,父母的一项重要任务就是倾听孩子的心声,在倾听的过程中,给予孩子积极的关注,表达对孩子的尊重、理解和关爱。父母切勿直接给予孩子建议或者指导,更不要摆出权威者的姿态对孩子指手画脚。很多情况下,得到倾听已经能够帮助孩子缓解情绪、消除烦恼,所以画蛇添足要不得。

小贴士

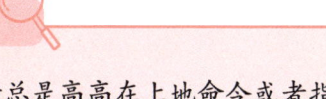

有些父母总是高高在上地命令或者指挥孩子,还有些父母不认可、不接纳孩子的情绪,只是盲目地激励和鼓舞孩子,这都会引起孩子的反感,使孩子对父母关闭心扉。

04 第四章

赞美与批评,
教育孩子要奖惩适度

赏识教育，培养孩子的自信

在成长的过程中，大多数孩子缺乏自我评价能力。他们最信任和最亲近的人是父母，为此会根据父母的评价做出自我评价。从这个意义上来说，父母的评价对孩子影响深远，甚至会影响孩子的一生。作为父母，一定要慎重地评价自己的孩子，切勿因为对孩子某个方面的表现不满，就毫不掩饰地否定孩子，给孩子贴上负面标签。有的时候，父母无意间说出来的一句话，就会使孩子受到严重的心理创伤，产生自我否定的心态。明智的父母即使知道孩子在某些方面能力欠佳，也会坚持肯定孩子，对孩子做出积极的正向评价。

在家庭教育中，当父母坚定不移地相信孩子，孩子就会形成自信，变得勇敢坚韧。反之，如果父母总是否定、批评和打击孩子，那么孩子就会丧失自信，变得自卑胆怯，不敢尝试任何事情。还有些父母虽然没有否定和打击孩子，但是总是担心孩子做得不好，因而剥夺了孩子勇敢尝试的机会，代替孩子做好很多事情。试问，如果孩子从来没有机会验证自身的能力，证明自身的实力，那么他们如何能够获得自信呢？孩子因为遭遇失败而产生自我怀疑，恰恰是父母鼓励、支持孩子的最好时机。这要以父母给孩子机会尝试为前提，也要求父母抓住孩子失败沮丧的时机，表达对孩子的信任，也全力以赴支持孩子。

近年来，很多教育工作者意识到赏识教育的重要性，很多父母也改变总是批评、打击孩子的态度，改变过度保护孩子的方式，开始学会接纳和赏识孩子。这样的转变令人欣慰，但是效果并不显著。这是因为大多数父母不知道如何赞美孩子。他们只是从形式上坚持对孩子进行赏识教育，把"你真棒！你是最棒的！你是妈妈的骄傲！你太厉害了！"等空洞的赞美挂在嘴边，敷衍孩子。长此以往，孩子必然会感受到父母的态度，也意识到父母并不是真正赏识他们。尤其是青春期的孩子心思细腻，感觉敏锐，自尊心也非常强，父母就更是要慎重地赏识和赞美孩子，让孩子切实感受到父母发自内心的欣赏、认可和接纳。**如果说空洞的、应付式的赞美会招致孩子反感，那么这种真诚的、具体生动的赞美则会打动孩子的心，让孩子感受到父母的关爱。**

　　毋庸置疑，赏识教育能够培养孩子的自信。从很大程度上来说，父母和老师对待孩子的态度决定了孩子自信的程度。有些孩子充满自信，不管面对多么艰巨的任务和多么难以完成的挑战，他们都会积极勇敢地尝试。他们既渴望成功，也不畏惧失败。这是因为他们在家庭教育中得到了父母无条件的接纳。无论他们的表现是否能让父母感到满意，也无论他们是获得成功还是遭遇失败，父母都始终坚定不移地陪伴在他们的身边，给予他们莫大的支持和鼓励。有些孩子常常感到自卑，甚至陷入自卑的泥沼无法挣脱。他们严重缺乏自信，哪怕是做简单容易的事情，也总是忐忑不安地担心自己会遭遇失败。他们畏缩胆怯，不敢轻易尝试。他们固然渴望得到成功的喜悦，却因为害怕承受失败的打击而选择逃避。他们彻底放弃努力，在避免失败的同时，也失去了成功的一切可能性。他们仿佛套中人，把自己严密地包裹起来，以与世隔绝。可想而知，严重自卑的孩子很难获得成长和进步，因为他们从来不敢给自己任何尝试的机会。

　　为了更好地培养孩子的自信心，父母在坚持对孩子开展赏识教育的过程中，一定要做到如下几点：

首先，看到孩子点点滴滴的进步。很多父母会忽略孩子的进步，这是因为从成年人的角度来看，孩子的进步的确是微小的，不值一提的。父母要从孩子的角度看待孩子的进步，这样就会发自内心地为孩子感到高兴，与孩子分享进步的喜悦。

其次，父母要及时认可和赏识孩子。赏识教育是有时效性的，很多父母因为忙于工作和家务，所以没有时间陪伴孩子，也就不能及时发现孩子做出的小小成绩，更不能第一时间表扬孩子。从孩子的角度来说，他们很看重父母的评价，因而只要有了小小的成功，就想把好消息立即告诉父母，以得到父母的表扬。为此，父母要关注孩子，第一时间分享孩子的喜悦，也给予孩子想要的奖励。事实证明，好孩子是夸出来的，哪怕是顽皮淘气的孩子，在得到父母的表扬之后也会继续表现得更好，从而让自己符合父母的预期。

小贴士

不管是小孩子还是大孩子，他们都渴望得到父母的赏识。作为父母，要拥有善于发现的眼睛，这样才能及时看到孩子的成长和进步，也才能以赏识教育激发孩子的内在驱动力，让孩子继续努力，再接再厉。

慷慨表扬，发现孩子身上的闪光点

正如一位名人所说，这个世界上并不缺少美，缺少的只是发现美的眼睛。在家庭教育中，很多父母都对孩子的表现不满意，他们也许能滔滔不绝地说出孩子的很多缺点和不足，却很难如数家珍地说出孩子的很多优点和长处。实际上，每个孩子都既有优点也有缺点，既有长处也有不足。父母之所以对孩子感到不满意，根本原因不在于孩子表现欠佳，而在于父母从未学着用欣赏的眼光看待孩子，更没有用火眼金睛发现孩子的闪光点。

每个孩子都处于生长的过程中，他们每时每刻都会给父母惊喜，每天都会成为崭新的自己。作为父母，一定要看到孩子的成长和变化。诸如，孩子尽管顽皮淘气，但是单纯可爱；孩子尽管粗心大意，但是理解能力很强；孩子尽管不是特别聪明，但是勤奋刻苦；孩子尽管总有奇思妙想，脑洞大开，但是创新能力很强，也善于发现……总而言之，父母既要看到孩子的缺点，也要看到孩子的优点，这样才能改变一味批评孩子的教育方式，尝试着认可和表扬孩子，也尝试着以恰到好处的方式奖励孩子。

每个父母都需要一个放大镜，专门用来放大孩子的优点和进步。父母要知道，好习惯的养成需要漫长的努力和坚持，而坏习惯的养成则只需要顺应本性。为此，孩子必须坚持微小的进步，才能渐渐地养成好习惯。这当然很难。

孩子需要得到父母的认可和鼓励，才能在一次次小小的进步之后继续坚持。很多父母抱怨孩子不知道父母多么爱他们，其实作为父母同样也不知道孩子多么看重父母的评价。在养成各种好习惯和形成各种优秀品质的过程中，孩子需要与本性进行抗争，正是父母的认可和赞美，让他们在缺乏意志力的时候继续努力，在产生动摇的时候坚持信念。

在妈妈心目中，方迪没有任何优点，只因为方迪学习不好，成绩糟糕。每天放学回到家里，妈妈总是唠唠叨叨催促方迪完成作业。不管方迪考试是进步还是退步，只要没有达到妈妈要求的分数，妈妈就会批评和训斥方迪。在妈妈一贯的打击下，方迪完全丧失了自信，认为自己只能给爸爸妈妈脸上抹黑，甚至认为自己的出生给爸爸妈妈带来了痛苦。

国庆长假到来，方迪准备抽出一天时间大扫除，给爸爸妈妈做一顿美味的饭菜，这样妈妈就能彻底休息一天，无须为做家务、做饭等事情而劳累。得知方迪的计划，妈妈当即训斥方迪："你这个孩子怎么非要剑走偏锋呢。你现在正值八年级重要的学习阶段，最重要的任务就是学习、学习、再学习。你看看，你上次月考只考了班级36名，要知道你们班一共只有45名学生啊，你都进入倒数10名了。我不需要休息，也不需要你帮忙做家务、做饭，你只要能把学习搞好，我就谢天谢地了。"妈妈的一番话仿佛一盆冷水浇灭了方迪心中所有的热情，他默默地回到房间里开始学习，眼泪却止不住地往下流。

这个时候，来到家里做客的小姨小声说道："姐啊，刚才方迪在这里，我不好说你，你怎么能这么对待孩子呢。孩子就算学习成绩不理想，你也不能这样全盘否定孩子啊。孩子有心做家务，还要给你和姐夫做一顿饭菜，这是多么大的孝心啊，这说明孩子知道感恩，这可比学习好难得得多。你知道不知道，如今多少孩子心里只有自己,只知道向父母索取,从来不懂得感谢父母。你啊你,真是身在福中不知福。换一个角度来说,孩子不是学习的机器,不可能把整个国庆假期都用来学习。你要让孩子劳逸结合,培养孩子对学习的兴趣,激发孩子学习的欲望,而不要总是这样打击他。现在,孩子还愿意学习,也想要学好,这就是有希望的。等到有一天,孩子不愿意学习,彻底放弃学习,我看你怎么办!"

小姨的一番话让方迪妈妈陷入沉思。良久,她才说道:"你这么说倒是提醒了我,我好像从来没有表扬过方迪。其实,方迪也是有优点的,例如善良,知道心疼父母,懂事,愿意陪伴爷爷奶奶,也团结友爱同学,还能把房间整理得干净整齐。"小姨说道:"对啊,你要看到孩子身上的闪光点,孩子将来不是只凭着学习好就能过好一生的。"后来,妈妈郑重其事地向方迪道歉,并且表扬了方迪。方迪得到妈妈的表扬,简直开心到飞起,他还特意从百度上学习了妈妈爱吃的菜,特意做给妈妈吃呢。

在这个案例中,小姨说得很对,也一语惊醒梦中人,让方迪妈妈意识到自己对方迪的不公平。相信当方迪妈妈转变教育态度,发自内心地赏识方迪时,方迪一定会获得自信,在学习上也有所进步。孩子的成长是全面立体的,遗憾的是,很多父母只关注孩子的学习,而忽略了孩子的全面发展。父母必须转变教育观念,才能用更好的方式引导孩子成长。

人生是漫长的旅程,孩子除了需要学习,还需要发展各个方面的能力,具备各个方面的素质,也形成各种优秀的品德。父母要拿着放大镜看到孩子的优点,发现孩子的进步,这样才能及时鼓励孩子,增强孩子的自信,激发孩子的内部驱动力。当父母坚持慷慨地表扬孩子,那么孩子就会从平凡变得优秀,也会从优秀变得卓越。在必要的时候,父母还可以适当夸大孩子的进步。哪怕孩子短时间内没有获得巨大的进步,父母也要寻找机会多多鼓励和表扬孩子。**即使孩子的进步很小,父母也要夸张地表扬孩子,这样才能最大限度地鼓励孩子。**

也许有些父母会说,孩子的确没有取得足以与他人媲美的进步,所以不值得表扬。有这种想法的父母,首先要反思自己比较的方式是否正确。现实生活中,很多父母只会把自己家的孩子与别人家的孩子比较,这种做法大错特错。因为每个孩子的天赋不同、家庭环境不同、所拥有的父母不同,所以他们在很多方面的表现注定不同。正确的比较方式,是把孩子今天的表现与昨天的表现比较,把孩子这一次的考试成绩与上一次的考试成绩比较,这样才能看出孩子是否有进步。当发现孩子和自己比取得了小小进步,那么父母要当即慷慨地表扬孩子,让孩子继续坚持点点滴滴的进步。即使没有发现孩子比此前有进步,父母也要认可孩子的坚持和努力,因为学习恰如逆水行舟,能够保持此前的名次,已经意味着孩子的努力和坚持了。所以,孩子依然是值得表扬的。

小贴士

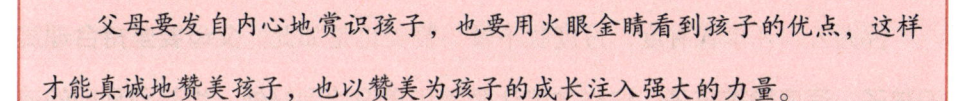

父母要发自内心地赏识孩子,也要用火眼金睛看到孩子的优点,这样才能真诚地赞美孩子,也以赞美为孩子的成长注入强大的力量。

适度赞美，坚持合理赏识孩子

很多父母自从转变教育观念，从以批评打击为主的教育方式，转变为赏识教育，就开始事无巨细、夸大其词、空洞乏味地赞美孩子。所谓事无巨细，指的是父母不管是否发现孩子的优点或者进步，都会赞美孩子；所谓夸大其词，指的是父母的赞美超过了正常限度，或者是与孩子的表现不能匹配；所谓的空洞乏味，指的是父母的赞美很空虚，没有具体的内容，有搪塞和敷衍，为了赞美而赞美的嫌疑。毫无疑问，对青春期孩子而言，他们敏感细腻，也具备了自我认知和自我评价的能力，所以并不会因此得到激励。

古人云，凡事皆有度，过度犹不及。赞美也是如此。**父母要坚持合理赏识孩子，适度赞美孩子，这样才能让赞美和赏识恰到好处，也起到预期的效果**。具体来说，赞美要做到以下几点：

首先，赞美要有分寸。赏识教育固然重要，却要避免过犹不及。如今，很多老师、父母会戴着有色眼镜看人，因为孩子在学习方面表现突出，成绩优异，就认定孩子品学兼优，不但品德高尚，而且能力突出，因而总是过度赏识孩子，频繁赞美孩子。殊不知，对于孩子而言，这些在成年人眼中熠熠闪光的优秀因素，并不能让他们真正感到快乐和满足。在父母的过度赏识下，有些孩子恃宠而骄，养成了狂妄自大、目空一切的坏习惯，很难结交更多的朋友，也很难受人欢迎。长此以往，他们在生活中和学习中形成了错误的认知体系，不但仗着学习好而过高评价自己，而且容易骄傲自满。所谓满招损，谦受益，骄傲的孩子很难获得长足的发展和进步。

其次，赞美要有的放矢，切勿盲目。在赞美孩子之前，父母要明确赞美的目的是引导孩子正确地进行自我认知和自我接纳，而不是纵容孩子骄傲自满，更不是为了讨好孩子。只有获得真正的成就，孩子才能形成自信，否则父母空洞的赞美就会成为无根之木和无源之水，早晚会如同谎言一样被现实戳穿。父母要以提高孩子的自尊心和自信心为目的，有的放矢地赞美孩子。现代社会中，很多父母会代替孩子做好所有的事情，每当孩子做了一件该做的事情，或者是取得了微不足道的进步，父母和家人马上轮番上阵对孩子展开赞美攻势。孩子虽然已经形成了一定的自我认知和自我评价能力，但是依然喜欢得到赞美和表扬，并且为此沾沾自喜，得意忘形。如果父母总是这样"事无巨细"地赞美孩子，只看到孩子的长处和优点，而看不到孩子的短处和不足，那么孩子就会变得自恋，导致自我评价过高。还有些父母罔顾事实，过于夸张地赞美孩子。例如，孩子的绘画水平并没有那么高，但是父母却说孩子具有绘画的天赋，天生就是画家。虽然父母的本意是鼓励孩子坚持学习绘画，但是孩子却会因此走向两个极端。如果孩子识破了父母的夸张，就会否定自己；如果孩子没有识破父母的夸张，就会自高自大。由此可见，父母一定要牢记赞美的目的，适度赞美，以起到激励孩子的作用。

再次，赞美要具体详细。很多父母奉行赏识教育，不管孩子表现得是好还是坏，他们都会毫不迟疑地夸赞孩子"真棒""太厉害了""特别好"等。这些夸赞的语言放之四海而皆准，并非针对孩子的具体表现提出来的，所以虽然看似很真诚，但是实际上却很空洞。如果青春期的孩子意识到父母只是在敷衍和搪塞自己，也知道父母的赞美言不由衷，他们就会忽略父母的赞美，甚至反感父母的赞美。这直接导致赞美非但不能达到预期的效果，反而会招致孩子的反感和抗拒。

最后，赞美要及时，选择最好的时机才能事半功倍。古人云，天时地利人和。这告诉我们，不管做什么事情，都要把握合适的时机才能事半功倍。父母赞美孩子，同样需要把握时机。通常情况下，赞美一定要及时。孩子一旦获得了成功，取得了成绩，第一时间就想要与父母分享，得到父母的认可与赞美。在这种情况下，父母要及时赞美孩子。有些父母因为忙于工作或者其他事情，没能及时赞美孩子，等到他们终于想起来要赞美孩子时，孩子已经忘记了曾经的欣喜与激动，如此一来，赞美的效果当然会大打折扣。

> **小贴士**
>
> 赞美要遵循真实客观的原则，也要讲究时效性，以具体生动的语言描述孩子值得赞美的成绩、行为等，这样才能满足孩子的心理需求。正如人们常说的，好孩子是夸出来的。但是，夸孩子需要以正确的方式，掌握一定的技巧。恰到好处的赞美能够让孩子变得更加优秀，不合时宜或者夸大其词的赞美，则会让孩子变得骄傲自满，甚至出现退步。

具体赞美，让赞美更贴合实际

大多数父母会使用"你真聪明""你真棒"等空洞的语言赞美孩子，因为这样的语言信手拈来，不需要思考，更无须组织语言。当父母最初使用这些语言赞美孩子时，孩子也许会感到开心，从而获得力量。随着父母使用这些语言的频率越来越高，这些空洞的溢美之词简直要把孩子的耳朵磨出老茧了，所以孩子开始反感这样的赞美，还有可能因此而对父母产生不满。

赞美，一定要具体，这样才能贴合实际，强化孩子好的表现。举个简单的例子，当孩子在学习方面获得进步，父母赞美孩子"你真聪明"，非但有敷衍的嫌疑，而且会对孩子形成误导，使孩子误认为学习取得进步是聪明的结果，而非勤奋努力的结果。长此以往，孩子不再刻苦学习，而是认为自己只需要凭着聪明就能出类拔萃。可想而知，这样空洞的赞美对孩子产生了负面作用。正确的做法是，描述孩子是如何努力才获得进步的，这样就能强化孩子好的行为，也能给予孩子更大的鼓励。

例如，父母要对孩子说："最近，你每天晚上都坚持复习功课，尤其是对于数学的学习，遇到不懂的题目还会反复钻研，举一反三，加强巩固。你还坚持读半小时英语和语文课文。正是因为你这么勤奋刻苦，才能在这次考试中获得很大的进步。接下来，希望你继续保持，再接再厉。"

这段赞美强调了孩子努力的方式和努力的程度，因而能够强化孩子努力的行为。孩子一旦想到自己正是凭着努力才获得进步，提升名次，他们就会克服困难，继续加油。这就是具体赞美的作用。在得到这样具体的赞美之后，孩子才能形成正确的自我认知，从而获得掌控感。因为孩子无法决定自己是否聪明，却可以决定自己是否努力，以及努力的程度。不管是对于成人而言，还是对于孩子而言，掌控感都是安全感的来源，都能激励人发掘自身潜能。

赞美，从来不是给孩子贴上正面标签那么简单容易的事情。从本质上来说，不管是给孩子贴上负面标签，还是给孩子贴上正面标签，都是一种很模糊的沟通方式。父母要改掉给孩子贴标签的坏习惯，面对孩子的不良行为，既要为孩子指出错误，也要明确告诉孩子如何做才是正确的；面对孩子的良好行为，父母则要明确指出孩子做得好的地方，这样才能对孩子起到强化作用。

那么，赞美可以涵盖哪些内容呢？很多父母只关注孩子的学习，因而狭隘地认为孩子只有在学习方面获得成绩，取得进步，才值得赞美。其实不然，**赞美涵盖的内容是非常广泛的，只要父母坚持发掘孩子身上的优点和闪光点，那么就会发现孩子身上有很多值得具体赞美的地方。**

赞美孩子的努力和勤奋。这一点前文已经讲过，在此不再赘述。对于孩子而言，勤奋和努力远远比聪明更重要。因为孩子能够决定自己做某件事情的态度，也可以随时调整心态专注投入地做事情。

赞美孩子的某个进步。从成年人的角度来看，孩子的很多点滴进步都是不值得赞美的，但是，对孩子而言，这一点一滴的进步都是努力的结果，也是他们心血的结晶。所以，父母要捕捉到孩子的进步，并及时地给予孩子赞美。例如，赞美孩子某天早晨起床之后动作迅速，提前十分钟到达学校参加早读；赞美孩子写作业的字迹变得更加工整，作业的书面也更加整洁；赞美孩子从前不喜欢吃绿叶蔬菜，现在却能吃一些绿叶蔬菜，从而获得均衡的营养。总之，孩子的每个小小进步都值得父母郑重其事地赞美，在赞美的过程中，一定要准确描述孩子表现好的地方。

赞美孩子有勇气。如果孩子小时候特别怕黑，从来不敢独自睡觉，那么一旦发现孩子终于能鼓起勇气，尝试着在自己的房间里独自入睡，父母就要及时赞美孩子的勇气。如此一来，孩子哪怕有些害怕，也能说服自己继续坚持，这就强化了孩子好的行为。

赞美孩子越挫越勇。现实生活中，很多孩子从小就得到父母无微不至的照顾和关爱，因此衣来伸手，饭来张口，不管有什么需求都能得到满足。这使他们渐渐形成了以自我为中心的思维模式，不敢面对困难，害怕承受失败的打击。为此，他们畏缩胆怯。当发现孩子面对失败依然敢于尝试时，父母一定要大力赞美孩子，认可孩子的勇敢表现。

赞美孩子有责任心。责任心，是人人都需要具备的优秀品质。孩子小时候凡事都依赖父母，往往缺乏责任心。哪怕孩子只是主动收拾书桌上的文具，收拾自己的房间，父母也要夸赞孩子有责任心，这样有助于培养孩子的小主人翁意识，让孩子渐渐走向独立。

总之，孩子值得具体赞美的地方不胜枚举。很多父母之所以不知道如何具体赞美孩子，也不知道孩子有哪些值得具体赞美的行为表现，是因为父母从未认真观察孩子，更没有努力发掘孩子身上的闪光点。在成长的过程中，孩子每时每刻都在改变，每时每刻都在进步。在父母的赞美中，他们会变得更加优秀，做好自我管理，成为更强大的自己。

小贴士

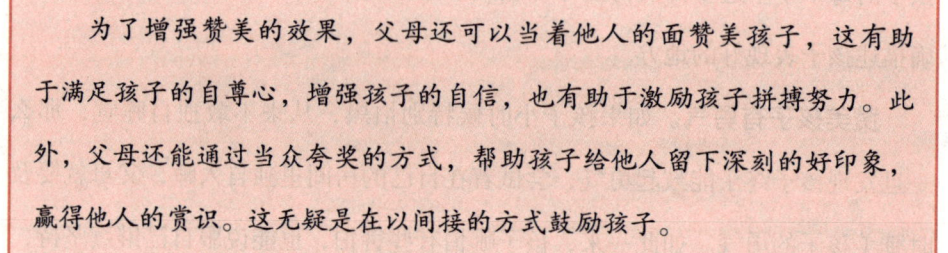

为了增强赞美的效果,父母还可以当着他人的面赞美孩子,这有助于满足孩子的自尊心,增强孩子的自信,也有助于激励孩子拼搏努力。此外,父母还能通过当众夸奖的方式,帮助孩子给他人留下深刻的好印象,赢得他人的赏识。这无疑是在以间接的方式鼓励孩子。

不要当众批评孩子

古人云，人前教子，人后训妻。原本，这句话的意思是说要当着他人的面教训孩子，这样才能增强教育的效果；不要当着他人的面训斥妻子，这样才能维护妻子的颜面，避免让妻子丢面子。时代发展至今，教育的观念持续更新，这句话也不再完全适用现代生活。**作为家长，切勿当着别人的面教训孩子，因为孩子虽小，同样有强烈的自尊心，并且害怕在他人面前丢面子。**为此，教育和批评孩子，同样要在人后。

在公众场合，有些父母故意大声训斥孩子，把孩子训斥得呜呜哭泣，以此表现自己作为家长的权威。不得不说，这样的做法既欠考虑，又很幼稚。青春期孩子的自尊心很强，当被父母在公开场合训斥，或者当着他人的面批评时，他们最在乎的不是自己的感受，而是别人是否会因此而嘲笑他。要知道，**对于青春期孩子而言，丢面子是一件极其可怕的事情，甚至会带给他们无法承受的压力。**这使得他们根本没有心思聆听父母的教诲，而只是在紧张慌乱的情绪中思考如何才能尽快结束这样尴尬的批评，以维护自己破碎一地的自尊和所剩无几的面子。父母批评孩子的目的是让孩子认识到自己的错误，并积极地改正错误。如果孩子压根没有心思进行自我反思，更没有心思思考自己错在哪里，那么他们还如何改正呢？这显然违背了教育和批评的初衷。

薇薇正在读高二。高二开学后不久，学校就组织了第一次月考，随即召开了家长会。家长会上，妈妈坐在薇薇的座位上，看到了月考的成绩单。当看到薇薇在班级里排名倒数时，妈妈怒气冲天。她想不明白薇薇为何出现如此严重的退步，整个家长会期间，她一直想找到薇薇当面问个清楚，毕竟薇薇在上一次考试中还排名中等呢。

一个半小时的家长会终于结束了。老师告诉家长们："孩子们正在报告厅上自习课，你们可以去报告厅找孩子了解一下他们最近的学习情况。"家长们全都涌向报告厅。薇薇和几个要好的女生正在一起自习。妈妈一见到薇薇，就迫不及待地问："薇薇，你这次考试是怎么回事？"薇薇看到妈妈来势汹汹，不好意思地看了看同学，小声提醒妈妈："妈妈，大家都在自习，我们出去说吧。"妈妈却不依不饶，继续站在原地质问薇薇："你就算再怎么掉链子，也不可能退步二十多名吧。说吧，到底什么原因，我洗耳恭听。"薇薇尴尬地说道："就是数学没有发挥好，其他的没什么。"妈妈当然不相信薇薇的解释，又说道："没有发挥好？你就这么轻描淡写的一句话，就想敷衍我？你该不会是又早恋了吧？初中的教训，你难道忘记了吗？要不是和那个男生早恋，你中考至少能多考二十分，还能去一所更好的高中呢。"听到薇薇妈妈的话越来越私密，几个同学赶紧收拾课本离开了。薇薇眼睛里含着泪水，委屈地质问妈妈："妈，我都多大了？你非要当众让我难堪，是吗？"妈妈当即爆发："你还委屈了？你还嫌我当众让你难堪了？你考这么糟糕，怎么没想想我参加家长会难堪不难堪呢？我被老师点名难堪不难堪呢？"薇薇气得转身跑出报告厅，一直到晚上回家，她都没有和妈妈说一句话。

在这个案例中，妈妈显然有些咄咄逼人，也不够尊重薇薇。说起难堪，妈妈的确因为薇薇考试成绩不理想而难堪，但是薇薇并非故意考取很低的分数。其实，最想考取高分的就是孩子。和薇薇无意间给妈妈造成的难堪相比，妈妈故意当众批评薇薇，则是想让薇薇出糗，也想让薇薇在同学们面前丢面子。妈妈不知道的是，这样的批评非但不能取得良好的效果，反而有可能彻底摧毁薇薇的自尊心，也让薇薇彻底与妈妈疏远。

明智的父母很注重维护孩子的尊严和面子。青春期的孩子迫切渴望得到父母的尊重和理解，最害怕的事情就是当众出糗。偏偏很多父母喜欢当众批评孩子，还会故意夸大孩子的错误和缺点。他们认为这么做能让孩子长记性，积极地改正错误，完善自己的行为，却总是事与愿违。有人说，毁掉一个人最好的方式就是摧毁他的自尊。对于孩子而言，更是如此。当父母当众践踏孩子的尊严，孩子就会疏远甚至怨恨父母，更不愿意听父母讲道理。还有些孩子叛逆心很强，还会故意违背父母的意愿，与父母针锋相对，他们其实是在以这样的方式报复和打击父母。亲子之间之所以反目成仇，是因为父母没有珍惜孩子对自己的尊重、信任，反而肆无忌惮地伤害孩子。

在公共场合，或者是当着他人的面，如果父母必须马上为孩子指出错误，那么最好带着孩子离开人多的地方，到人少僻静的地方小声沟通。如果不是必须马上为孩子指出错误，则父母要隐忍内心的不满和愤怒，尽量等到离开公共场合或者是回到家里再与孩子沟通。在教育孩子的过程中，父母的确需要批评孩子，但是不要不分时间和场合地批评孩子。

小贴士

唯有以呵护孩子的自尊心为前提，父母的教育才能发挥积极的作用，帮助孩子改正错误，完善行为。否则，就会导致孩子变本加厉，故意表现得更糟糕。做父母是需要智慧的，只有善于批评孩子的父母，才能既保护孩子的自尊，同时为孩子指出错误。有的时候，父母要与孩子一起成长，学习如何当好父母，这是父母一生的必修课。

就事论事，教育孩子不揭短

每个孩子都会犯错误，因为犯错误正是孩子成长的重要方式。通过犯错误，孩子不断地明确自己的行为边界，完善自己的行为，也能改正自己的错误。在这个世界上，没有人不犯错误。对于父母而言，如何督促孩子改正错误，提醒孩子避免犯错误，是一项艰巨的任务。

既然孩子犯错不可避免，那么父母就不要苛求孩子绝对正确，更不要禁止孩子犯任何错误。孩子的认知能力有限，人生经验匮乏，即使在进入青春期掌握了一些知识和技能之后，孩子的心智发育依然不够成熟。这使得孩子在面对很多事情时，无法面面俱到地思考，更无法圆满地解决。必要的时候，父母可以先提醒孩子某些做法也许会带来相应的后果。如果孩子从谏如流，愿意采纳父母的建议，那么他们就能避免犯错。如果孩子坚持己见，拒绝接受父母的主张，那么只要后果不是特别严重，父母无须强求孩子服从命令，而是可以看着孩子亲自尝试，通过失败吸取经验和教训。

归根结底，孩子要靠自己走过人生的道路，任何人都无法替代孩子成长。有些父母喜欢把自己的人生经验分享给孩子，美其名曰帮助孩子少走弯路，他们却忘记询问孩子是否需要这样的帮助。**无数事实证明，孩子颇有一股不撞南墙不回头的精神，对于很多事情更倾向于亲身尝试，而不愿意采取拿来主义直**

接套用父母的经验。

当眼睁睁看着孩子走自己曾经走过的弯路，或者因为不听老人言而吃了眼前亏时，父母往往忍不住要挖苦讽刺孩子。尤其是当孩子犯了与此前相同的错误时，父母更是会对孩子冷嘲热讽，嘲笑孩子在同一个地方摔倒两次。喜欢嘲笑孩子的父母一定不知道，青春期孩子最害怕被嘲笑。对他们而言，得不到尊重和理解是最难接受的事情。这就要求父母在教育孩子的过程中始终要坚持一个重要的原则，即就事论事不揭短。<u>这意味着不管亲子之间共同经历了什么，或者父母亲眼看到孩子经历了什么，都要本着今日事今日毕的原则，绝不重翻旧账。</u>

中考刚刚结束，一直以来神经紧绷、保持高强度复习的周凯发烧了。妈妈带着周凯去医院里检查，医生通过血液检查的结果，诊断周凯扁桃体炎犯了，建议周凯割掉扁桃体。周凯想到自己每次都是因为扁桃体发炎而发烧，又想到即将到来的高中学习将会更加紧张忙碌，所以接受了医生的建议。很快，妈妈就向单位请了长假，陪伴周凯一起住院。住院期间，周凯抱怨生病的日子太难熬，还抱怨妈妈对他照顾得不够周到。听到周凯非但没有感谢自己，反而还怨声连连，妈妈当即生气地说："周凯，孩子要对父母有感恩之心。我专门请假照顾你，这几天白天晚上都不能休息，你除了抱怨，能感谢感谢我吗？"周凯不以为然，说道："妈妈，我还没有成年呢，你应该照顾我啊。"听到周凯这么自私的言论，妈妈更生气了。

妈妈说道："你不这么说，我还忘记了你在我生病时的表现了呢。你读七年级的时候，我阑尾炎手术，正好爸爸出差了，需要你晚上陪床。你倒好，陪床一个晚上抱怨一个晚上，抱怨我非要趁着爸爸出差得阑尾炎。你自己想想，你有多么自私。"

听到妈妈又旧事重提，周凯羞愧地低下头，说道："妈妈，关于那件事情，我不是已经跟你道过歉了吗。你怎么又说了呀。"妈妈气呼呼地说："我不是说那件事情，我是说你这个孩子就是自私，父母对你那么好，你也不知道感谢，更别说感恩了。"此时，病房里其他病人和家属也正好都在，有人感慨地说："现在的孩子太幸福了，心里只有自己。"也有人说："哎，养孩子就是履行义务，可别指望着有一天孩子能派上用场。"听到大家七嘴八舌，议论纷纷，妈妈意识到苗头不对，赶紧对周凯说："不过，你也有优点，就是听话，学习积极主动，不需要妈妈操心。你要是能更多地为爸爸妈妈着想，那就更好了。"周凯遭到大家的群起而攻之，有些生妈妈的气，不愿意接妈妈的话茬。

每个孩子在成长的过程中都会犯各种各样的错误，作为父母，不要揪着孩子不懂事的错误行为不放。不管是面对人生，还是教育孩子，我们都要坚持向前看。从孩子的立场上来说，总是被抓着小辫子的滋味是非常难受的。为了避免引起孩子的反感，也为了避免孩子把当下的事情与此前的事情混为一谈，父母应该学会放下陈年往事，而专注于当下的事情，和孩子就事论事地进行讨论，对孩子进行教育。

小贴士

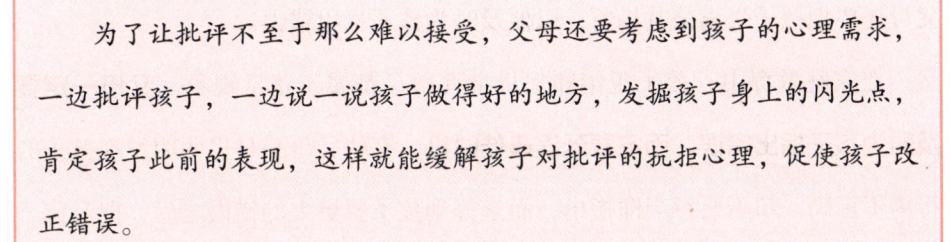

为了让批评不至于那么难以接受，父母还要考虑到孩子的心理需求，一边批评孩子，一边说一说孩子做得好的地方，发掘孩子身上的闪光点，肯定孩子此前的表现，这样就能缓解孩子对批评的抗拒心理，促使孩子改正错误。

把握时机，批评才有效果

不管做什么事情，都要把握合适的时机，才能事半功倍，批评更是如此。当孩子在成长中出现偏离正轨的行为时，父母要承担起监护孩子成长的艰巨任务，及时地帮助孩子指出错误，也引导孩子改正错误。否则，孩子很有可能始终不能意识到自己犯了错误，因而就会沿着错误的道路继续向前走，导致错误变得越来越严重。需要注意的是，即使出于好心帮助孩子，父母也要找准合适的时机。

对于孩子的有些错误，父母一经发现就要及时指正，督促孩子改正错误。这是因为这些错误的行为会伤害孩子，给孩子带来无法挽回的后果。如果孩子的错误并不会招致严重的后果，而且孩子犯错的时候正在公共场合，那么父母就要忍住批评孩子的冲动，等回到家里之后再与孩子沟通。必要的时候，父母还要把孩子带离公共场所，以便及时为孩子指出错误。

在家庭教育中，孩子犯错和父母批评孩子都属于正常现象。**父母一定要及时为孩子指出错误，而不要延误最佳时机。**有些父母平日里明明发现孩子的行为不正确，却不愿意当即指出，而是等到孩子犯更大的错误之后，把对孩子的不满和指责一股脑地说出来。这是典型的秋后算账。这么做的弊端很大。

首先，孩子原本只有小小的错误，只要得到父母的提醒，他们就能当即改正，因此这些错误不会导致严重后果。但是，如果父母没有第一时间告诉孩子，那么小错误就会愈演愈烈，甚至变得无法收场。

其次，父母批评孩子要就事论事，切勿把孩子此前所有的错误都列举出来。一方面，孩子也许早就忘记了自己曾经犯过的错误，另一方面，一次性批评孩子所有的错误，效果堪忧。

最后，父母带着愤怒批评孩子，忘记了批评的目的是帮助孩子改正错误，而不是借助于批评的机会发泄自己对孩子的不满，这显然是把孩子当成了出气筒，往往会激发孩子的逆反心理。为了避免这种现象发生，父母要始终牢记一点，即批评是教育的手段，绝非教育的目的。**任何时候，不管孩子出现什么问题，父母都要就事论事，态度温和地为孩子指出错误，也借着指正的机会督促孩子改正错误。**如此一来，父母就实现了教育的目的，让孩子的行为举止变得更加完善。只有适时适度的教育，才能实现双赢的结果。

很多父母脾气暴躁，情绪容易冲动，一旦看到孩子的表现失控，或者是错得离谱，父母就会怒气冲天，当即严厉地训斥甚至责罚孩子。父母大义凛然，打着维护公德正义的旗号讨伐孩子，或者是为了维护自己的面子而故意大发雷霆，丝毫不顾及孩子的颜面。面对父母的大动干戈，孩子要么倔强任性，拒绝承认错误，要么默默流泪，心生怨愤。这种疾风骤雨式的批评看似第一时间起到了作用，解决了问题，却留下了严重的隐患。其实，面对犯错误的孩子，父母是无法做到快刀斩乱麻的，更不可能在第一时间就做通孩子的思想工作。

青春期的孩子自我意识觉醒，不再像小时候那样对父母言听计从。他们渐渐形成了自己的想法和主见，也会在与父母发生分歧的时候，坚持自己的想法和主见。为此，父母必须学会对青春期的孩子放手，给予他们更大的自由空间和更多的自由选择权利，这样才能满足孩子渴望独立的心理需求。尤其是在孩子犯错误的时候，父母更要学会站在孩子的角度上思考问题，也要站在孩子的立场上看待问题，这样才能理解孩子，尊重孩子，允许孩子以他们的方式处理各种事情。很多父母主观意识强烈，往往先入为主地判断孩子的某些做法是错误的，也会心直口快地判定孩子需要改正错误。这当然会引起孩子的反感，甚至还会招致孩子的反抗。父母要记住，青春期孩子不会像小时候那样服从父母，所以要想减少亲子冲突，避免争执，父母就要平等对待孩子，引导孩子意识到自身的错误，从而积极地改正错误。尤其是在批评孩子时，更是要把握合适的时机。<u>所谓合适的时机，是指既要及时，也要避开公共场合，或者避免当着他人的面，还要观察孩子的情绪状态是否适合进行深入沟通。</u>

还有最重要的一点，即父母要在批评孩子之前，先了解事情的前因后果，从而客观公正地评价孩子的行为表现，也要慎重地思考采取怎样的方式做通孩子的思想工作，化解与孩子之间的矛盾。此外，父母还要在批评孩子之前，就明确谈话的目的是发泄愤怒，还是帮助孩子改正错误。

小贴士

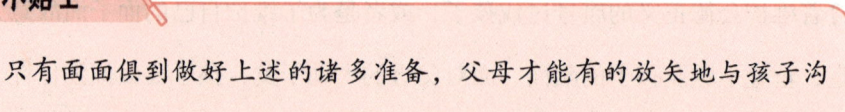

只有面面俱到做好上述的诸多准备，父母才能有的放矢地与孩子沟通，也才能水到渠成地说服孩子，达到沟通的目的。

"三明治"批评法,保护孩子自尊

很多人都喜欢吃三明治,也会亲自动手制作三明治,那么一定知道三明治做法简单,只需要准备两三片面包,再在面包与面包之间加入蔬菜、沙拉酱、火腿片等即可。因为有了面包包裹,所以丰富的馅料不会裸露出来,更不会弄脏我们的手。又因为有了美味的馅料,所以原本没有浓重味道的面包变得更加美味。由此可见,面包与馅料之间是相辅相成的关系,缺一不可。

我们不但可以用这种方法制作三明治,也可以用这种方法批评孩子,这就叫作"三明治"批评法。顾名思义,"三明治"批评法就是用做三明治的方法,批评孩子,以维护孩子的自尊心,保护孩子的颜面,同时起到激励孩子的作用。接下来,就让我们看一看"三明治"批评法究竟有何奥妙。

三明治的第一层和第三层都是面包,中间那一层是丰富的馅料。这是多么巧妙的层次啊,我们可以把这个层次运用到亲子沟通中。毫无疑问,**第一层是表扬,第二层是批评,第三层是期望**。在以批评为主要目的的沟通中,批评是重点,所以要放在中间层。然而,良药苦口,忠言逆耳。孩子明知道父母之所以批评他们,完全是为了他们好,但是他们依然不喜欢被批评。为了让孩子接受批评,父母不妨用表扬和期望作为第一层和第三层,把批评包裹起来。如此一来,批评就成了糖衣炮弹。这样的方法非常巧妙,被运用于制作很多东西。例如，有些人吃过黄连素，那么必然知道黄连是很苦的，苦到难以下咽。那些聪明的制药专家当然知道良药苦口，为了帮助患者顺利服药，他们给黄连包裹上一层薄薄的糖衣。在黄连顺利进入患者的口腔里时，糖衣能够给患者带来甜蜜的口感，让患者不再强烈抵触黄连。等到黄连终于进入患者的胃部，这个时候，糖衣尽管融化了，但是胃部不会感觉到苦味，因而黄连也就可以发挥效力，治病救人了。

"三明治"批评法与外表甜蜜、内在苦涩的糖衣炮弹有着异曲同工之妙。从本能的角度来说，人人都渴望获得快乐和满足，而试图逃避痛苦；人人都渴望获得肯定和赞美，而试图逃避批评。**所以，父母要学习"三明治"批评法，以赞美作为开始，以批评和建议作为重点，最后表达对孩子殷切的期望，诉说对孩子的信任和尊重。**当父母坚持这么做，原本怀着抵触心理的孩子就更愿意接受父母的批评，也会积极地采纳父母的建议。

具体来说，运用"三明治"批评法，父母要按照如下顺序，完成如下的三个步骤：

第一个步骤：肯定孩子，无条件接纳孩子，这样才能与孩子建立情感联结，让孩子感到安全，也开始信任父母。这个步骤至关重要，只有做好这个步骤的工作，才能为接下来的沟通夯实感情基础。

第二个步骤：明确告诉孩子哪些地方做得不好，需要完善或者改正。在此过程中，要保持情绪平和，以语言传递善意和理解，而不要把自己与孩子放在对立面，否则就会激发孩子的逆反心理。在指出具体的问题之后，为了防止孩子不知道怎样才是正确的做法，才算是改正错误，父母可以对孩子提出建议，告诉孩子如何做才能取得更好的结果。

第三个步骤：鼓励孩子，给予孩子精神上的支持和情感上的满足，具体来说，就是表达对孩子的期望。在这个步骤里，父母要帮助孩子提升信心，让孩子相信自己能够解决问题，也要在感情上大力支持孩子，这样才能拉近与孩子的关系，加深与孩子的感情，与孩子建立并维持良好的亲子关系。

父母切勿认为只有言辞犀利、恶言恶语才是教育和批评孩子。这恰恰意味着父母在管教孩子方面黔驴技穷，只能通过这样无奈的方式给自己壮胆。其实，如果父母胸有成竹，既能做到了解孩子，也能做到掌控自己，那么父母就会始终牢记批评的目的是帮助孩子改正不良行为，而非对孩子发泄怒气。

小贴士

在孩子小时候，父母偶尔粗声大气地对待孩子，孩子并不会由此生出复杂的想法，怀疑父母对自己的爱。当孩子进入青春期，他们心思敏感细腻，常常对父母无心的话做出过度解读，因而父母一定要谨慎思考，采取合适的方式对待孩子，尤其是在批评孩子的关键时刻，更要控制好情绪，避免被愤怒冲昏头脑。

05 第五章

成绩与情绪,
解决孩子的成长难题

Communication Psychology

激发孩子学习的内部驱动力

如今，大部分父母陷入教育焦虑状态中，他们望子成龙，望女成凤，恨不得当即对孩子揠苗助长，也帮助孩子尽快地成人成才。孩子的成长有自身的规律和节奏，父母采取强硬手段干涉甚至扰乱孩子的成长，只会导致事与愿违。为了不让孩子输在起跑线上，有些父母给孩子报名参加各种兴趣班，还有些父母给予孩子物质奖励和金钱奖励。这些做法都是从外部发力驱动孩子，换言之，是强迫或者诱导孩子学习，而无法激发孩子学习的内部驱动力。**如果说外部驱动力产生的力量是短暂的、微弱的，那么内部驱动力产生的力量则是持久的、强大的。**

孩子们唯有凭着学习的内部驱动力，才能在漫长的求学生涯中过五关斩六将，获得最终的成果。**学习的内部驱动力，分为学习需要和学习期待两个部分，它们能够激发孩子的学习动机，使孩子始终保持强劲的学习动力。**反之，如果没有内部驱动力，则意味着孩子既不想学习，也不期待学习的结果，必然使孩子对于学习疏忽懈怠，缺乏动力，无以为继。

新生命降临人世不久就会产生学习动机。小婴儿在学会爬行之后，探险的热情高涨，总是抓起身边一切够得着的东西放在嘴巴里。随着月龄的增加，他们还会把手里的东西扔到地上，通过听不同东西落地时发出的不同声音，认识不同的东西。对于婴幼儿而言，这正是学习的过程，也是他们探索世界的重要方式。有些父母特别爱干净，有不同程度的洁癖，为了防止孩子抓到不干净的东西放到嘴里，他们会特意把孩子周围的环境收拾得干干净净，空无一物。这会阻碍孩子探索周围的世界，限制孩子的好奇心，也会禁锢孩子的成长。

孩子一天天长大，在度过通过嘴巴和手探索世界的阶段后，他们学会了语言表达，因而变成了能够自由移动的"十万个为什么"。他们几乎每时每刻都在提出各种奇奇怪怪的问题。起初，父母还能耐心地回答孩子的问题，但是随着孩子的问题开始了无限循环，父母渐渐失去了耐心，有些父母还会训斥孩子，强行阻止孩子继续提问。父母不知道，孩子正在以提问的方式进行特殊的学习，所以父母要呵护孩子的好奇心，也要保护孩子的求知欲。随着孩子渐渐长大，父母越来越深刻意识到孩子的学习动力至关重要。**如果缺乏动力，孩子就会拒绝学习；只有充满学习动力，孩子才会主动自发地开始学习，也才能克服困难坚持学习。**

对孩子而言，学习无疑是一件枯燥无趣的事情。如果孩子能够自主地选择学习或者不学习，那么所有的孩子都会选择不学习，这样就拥有更多的时间玩耍，也可以和父母一起旅游，欣赏祖国的大好河山。总而言之，比学习有趣的事情数不胜数。

为了激励孩子，很多父母把这些有趣的事情与学习关联起来。他们允诺孩子只要认真学习，取得好成绩，就可以购买心仪已久的玩具，进行一场长途旅行，或者得到金钱奖励等。这样的奖励措施的确能够在短时间内奏效，让孩子暂时产生强劲的学习动力。但是，随着父母奖励孩子的次数越来越多，奖励的效果减弱，奖励作用持续的时间也越来越短。当孩子只想通过学习获得奖励，那么他们就无法专注于学习，更无法从学习中获得满足感和成就感，更不可能体会到学习的乐趣。长此以往，孩子在学习方面就会进入恶性循环。一旦失去外部的刺激和奖励，孩子就会失去学习的欲望和动力。**可想而知，对于青春期孩子而言，父母能给予他们的、让他们感到兴奋和满足的奖励越来越少，这也就意味着孩子得到外部奖励越来越难。**

在家庭教育中，父母要想一劳永逸地解决孩子的学习难题，就要激发孩子对于学习的内部驱动力。具体来说，要让孩子认识到学习是为了自己的前途，而不是为了让父母感到满意；要让孩子形成强烈的成就动机，这样孩子才会被推动，坚持学习，争取成才；要让孩子产生强烈的成就需求，憧憬美好的未来，从而激励自己坚持努力，不懈奋斗。**心理学家经过研究发现，对于孩子而言，当战胜了学习中的重重障碍，终于获得成功，这种喜悦和成就感，是比奖励更加重要的。**此外，孩子的成就动机越强，学习的欲望越强；孩子的成就需求层次越高，学习的动力越强。孩子要通过学习获得成功的体验，才能激发成就动机，也才能产生更强的成就需求。

当孩子形成更高的成就动机，他们不但渴望获得成功，而且能够在遭受失败的打击时始终坚持努力，绝不放弃，直到获得成功为止。他们学习热情高涨，对待学习充满毅力，因而产生了学习的自觉性和主动性。至此，无须父母逼迫，孩子就会主动自发地学习，也能始终保持良好的学习状态。看到这里，父母一定会认为这样的孩子是人间理想。其实，这样的孩子不是天生的，而是通过后天引导才具备学习内部驱动力的。

具体来说，父母要尽量避免把学习与外部奖励产生关联，除非发现孩子在学习方面持续陷入低迷状态，父母才能偶尔使用外部奖励的方式激励孩子。如果孩子的学习状态一直很好，能够感受到学习的乐趣，也能凭着内部驱动力刻苦努力，那么父母就要避免给予孩子外部奖励，否则就会弱化孩子学习的内部驱动力。

在陪伴孩子成长的过程中，父母要适度期待孩子，也要创造各种机会让孩子发挥自身的优势和特长，获得成就感。 尤其是在孩子面临困境或者遇到障碍时，父母更是要鼓舞孩子凭着自身的力量坚持到底，这么做能够提升孩子的自我评价，有助于培养孩子的自信心，也能让孩子切身感受到学习的成就感和满足感，从而激发孩子学习的热情，保持学习的强劲势头。

对青春期孩子而言，父母还要帮助他们树立梦想。 在人生中奋斗和拼搏时，有无梦想的指引和激励，最终获得的结果是截然不同的。很多青春期的孩子都会感到迷惘和困惑，不知道自己长期坚持努力学习的意义是什么。在有了梦想之后，他们对于未来就会有更加明确的目标和方向，也会有更加清晰的规划，因而爆发出强大的力量。

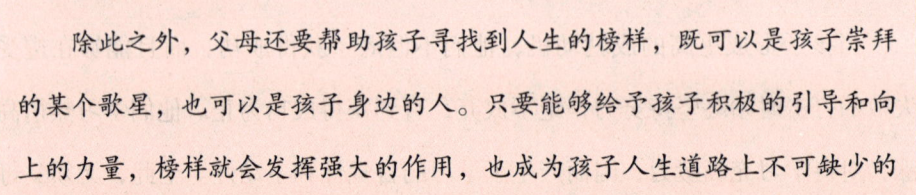

> **小贴士**
>
> 除此之外，父母还要帮助孩子寻找到人生的榜样，既可以是孩子崇拜的某个歌星，也可以是孩子身边的人。只要能够给予孩子积极的引导和向上的力量，榜样就会发挥强大的作用，也成为孩子人生道路上不可缺少的标杆。

激励孩子迎难而上

在学习的过程中，孩子很容易出现畏难情绪。有些父母一旦察觉孩子产生了畏难情绪，就如临大敌，生怕孩子因此放弃学习，在学习的艰难道路上选择放弃。其实，父母的担心完全没有必要。**人的本能就是趋利避害，当在学习中遭遇困境，面对难题时，孩子自然会试图逃避，还会表现出畏缩、恐惧、拖延等负面行为。**这与成年人在工作中遭遇困境时想要逃避是同样的心理。

对待学习，孩子一旦产生畏难情绪，就会产生一系列心理变化和行为变化。例如，原本对待学习充满信心的孩子，会自我怀疑，质疑自己的学习能力，也会自我否定，甚至断言自己对于某门学科的学习缺乏天赋，不具备相应的能力，因而信念动摇，试图放弃。即使孩子没有下定决心彻底放弃，坚定不移的信念一旦动摇，就会给孩子消极的心理暗示，继而影响或者改变孩子的学习表现，使孩子在学习上从积极主动转变为消极被动，导致学习效率和学习质量都明显降低。

面对孩子的畏难心理，有些父母特别紧张焦虑，恨不得当即扭转孩子的学习态度和学习观念。这种急于求成的做法是不可取的，非但不能帮助孩子改善学习状态，还有可能因此给孩子施加巨大的学习压力，使孩子在学习方面的表现更加糟糕。一旦孩子对父母产生逆反心理，就会处处与父母针锋相对，还会故意在学习上表现懈怠，可谓得不偿失。从这个意义上来说，**父母不管多么心急，都要保持平和的心态，以帮助孩子度过学习的困难时期。**

面对困难，大多数人的本能反应就是逃避，因为困难使人感到不快乐。只有极少数喜欢挑战的人，通过战胜困难获得了成就感和自豪感，所以才会迎难而上，迎接挑战。在成长过程中，学习只是孩子需要完成的艰巨任务之一，除了学习，孩子还要在很多其他方面坚持成长，坚持进取。为此，父母切勿认为学习是孩子唯一的任务，也不要认为考取高分是孩子唯一的目标。**归根结底，学习的目的是学习和掌握知识，是培养孩子的学习态度，帮助孩子养成独立思考的习惯，也是为了提升孩子战胜困难的决心和毅力。**如今，大多数父母只关注孩子的学习表现，只重视孩子的学习成绩，而忽略了孩子的全面成长和发展。这直接导致父母一叶障目不见泰山。具体来说，有的父母因为孩子学习好，所以忽略了孩子在其他方面的劣势，使孩子陷入木桶理论的困境中；有的父母因为孩子学习不好，所以忽略了孩子的优点，全盘否定孩子，打击孩子的自信，使孩子处于成长的困境中。

为了改变这种局面，父母要全面深入地了解孩子，也要根据孩子自身的情况，帮助孩子扬长避短。有些父母总是逼迫孩子做不擅长的事情，压抑孩子的天性，制止孩子做喜欢的事情。这无疑是舍本逐末的行为，不但会使孩子在频繁受到失败打击的过程中丧失自信，也会使孩子无法正确地进行自我认知和自我评价，因而发展受到严重的限制。在学习方面，不同的孩子有不同的天赋和能力，有些孩子轻轻松松就能理解和记忆复杂的知识，有些孩子虽然付出了加倍的努力，却因为记忆力比较差而无法顺利记住各种知识。这就是学习能力的差异。父母要看到孩子在学习方面的天赋差异和能力差异，不要只关注孩子的成绩和排名，更不要把孩子的成长转化为一串串冷漠无情的数字。如果孩子不擅长学习，那么不妨观察孩子在哪些方面表现出超乎寻常的能力，继而引导孩子发挥特长。例如，有些孩子不擅长学习，但是很擅长跑步，那么父母可以着重培养孩子朝着田径比赛选手的道路上发展，说不定将来孩子还能为国争光呢！如果孩子不擅长逻辑思维，而擅长形象思维，那么父母可以培养孩子学习绘画，将来成为画家，或者成为美术老师，都是不错的选择。如果孩子特别喜欢唱歌，那么即使孩子在学习方面不出色，父母也可以让孩子坚持唱歌，将来成为歌唱家。<u>**总而言之，每个孩子都有优势，也有劣势，父母教育孩子一定要遵循发挥优势、避免劣势的原则。**</u>从经济学的角度来说，如果同样的投入，能够帮助孩子在优势方面做出成就，而只能帮助孩子在劣势方面弥补不足，那么当然要选择前一条道路，让孩子相对轻松地获得成功。

当然，选择优势发展，只是比起发展劣势而言是相对轻松的道路。实际上，孩子在成长中必然要经历重重磨难。心理学领域的一万小时定律告诉我们，不管做什么事情都需要持久的坚持，才能最终做出成就。因此，选择学习的道路也好，选择发展艺术的道路也好，父母都要激励孩子迎难而上。

对父母而言，最大的困难就是接受孩子的平凡和普通。父母必须做到无条件接纳孩子，才能充分专注地关心孩子，既敏锐觉察孩子的情绪，也深入了解孩子的真实想法和感受，也能有的放矢地帮助孩子疏导负面情绪，引导孩子在面对困难的时候鼓起信心和勇气。在和孩子一起确立远大目标之后，父母还要帮助孩子分解目标，把远期目标分解为中期目标，再把中期目标分解为短期目标。当逐个实现短期目标时，孩子就会受到激励，获得成就感，重新建立自信，这使得他们越挫越勇，最终战胜所有困难，迎来最终的胜利。

从消极的角度来看，每一个困难和每一次挑战，都是对孩子的考验；从积极的角度来看，当孩子战胜了一个个困难，实现了一次次挑战，他们就会获得积极的鼓励，获得正向的激励，因而信心倍增。

> **小贴士**
>
> 正如人们常说的，危机究竟是绝境，还是希望的生机，其实取决于我们看待危机的态度，以及面对危机的姿态。作为父母，先要调整好心态陪伴孩子一起成长，才能给孩子提供精神上的支撑和感情上的滋养，让孩子在成长的道路上勇往直前，无所畏惧。

帮助孩子戒掉拖延，建立学习秩序

说起孩子的拖延和磨蹭，很多父母马上就会滔滔不绝地控诉孩子的"罪状"。其实，现代社会中，不仅孩子拖延症严重，很多成年人也受到拖延的困扰，养成了拖延的坏习惯。很多人明知道必须马上做一些事情，却总是要等到最后时刻到来时才慌慌张张地去做。在此之前的时间里，他们宁愿刷手机、与无关紧要的人闲谈，或者是无所事事地待着，也不愿意当机立断开始行动。

仅从表面来看，拖延的人总是浪费时间，贻误最佳时机。其实，拖延最大的危害在于，使人陷入紧张焦虑的负面情绪中，严重地自我消耗。例如，在从容不迫的状态下，孩子原本可以有条不紊地完成作业，既保证效率，也保障质量。在时间紧迫的状态下，孩子则会感到焦虑，因而急躁。在这种情况下，如果父母一直在训斥孩子，抱怨孩子，催促孩子，那么孩子就更是无所适从，手忙脚乱，导致作业的质量严重下降。

毋庸置疑，比起学习，孩子更喜欢玩耍。哪怕已经进入青春期，甚至是长大成人，我们也依然喜欢休息娱乐，而不喜欢学习和工作。**因此，不管是孩子还是成年人，都要以理智战胜本能，这样才能积极地投入学习和工作中。**我们不妨把休息和娱乐当成是一种特殊的奖励，告诫自己只有在专注地学习、高质量地完成作业之后，才能彻底放松下来，享受难得的休息时光。当然，以全身心投入地享受休息作为诱饵，只能帮助孩子暂时提起学习的兴趣。学习是漫长的过程，需要坚持不懈，也需要意志力坚强。其实，一劳永逸的好方法是建立学习秩序，这样孩子就能按部就班地学习，无须与自己的本能进行抗争，更无须时刻提醒自己学习的重要性。当学习成为理所当然的事情，孩子坚持学习就会变得更加轻松，在这样的状态下，孩子也更能感受到学习的乐趣。

<u>要想让孩子建立学习秩序，父母就不要过多地干涉孩子学习的细节，而是要在大的方面引导和帮助孩子。</u>有些父母不相信孩子能处理好学习的相关事务，因而总是过于严苛细致地管理孩子的学习。在孩子开始写作业之前，父母频繁地催促孩子，父母误以为催促能帮助孩子改掉拖延的坏习惯，其实，正是父母的频繁催促加剧了孩子的拖延。在孩子写作业的过程中，有些父母不懂得尊重孩子，只要看到孩子的作业出现错误，诸如计算出错、字迹不工整等，就马上打断孩子，为孩子纠正错误。如此一来，父母就破坏了孩子完成作业的完整性。还有的父母会为孩子布置额外的作业，要求孩子在完成学校里老师布置的作业后，还要完成父母布置的课外作业。这种行为将会导致孩子的拖延越来越严重。试问，在工作的过程中，作为成年人的我们好不容易快马加鞭才即将完成额定的任务，结果就在下班的前一刻，老板又安排了额外的任务给我们，那么等到次日，我们还会加速完成额定的工作吗？我们也许会故意拖延，表现出辛苦忙碌的样子，以逃避老板额外增加的任务。当父母总是在孩子完成学校作业之后给孩子布置课外作业，那么孩子就会学"聪明"，故意拖延完成学校里的作业，使父母打消给他们布置课外作业的念头。所以，父母切勿自以为是地给孩子布置额外作业，对于孩子而言，当完成学校作业之后，等待他们的是自由自在地玩耍，那么他们自然会加快速度，提高效率。反之，当完成学校作业之后，等待他们的是校外作业，那么他们就会放慢速

度，降低效率。

　　除了要抓大放小，不过多干涉孩子学习的细节外，父母还要让孩子独立完成完整的学习流程。每天放学回到家里，孩子先吃饭再写作业，或者先完成所有的作业再吃饭，这一点可以根据家里的生活节奏安排，一旦确立，最好不要轻易变动。这样一来，孩子就会形成固定的生活模式，每天放学回到家里第一时间就写作业，始终保持高效，直到完成所有作业，再和家人一起享受美味的晚餐。很多高中生住校，只有周末才回家。那么，在学校里要按照学校的时间安排生活和学习，周末回到家里，则要形成周末的学习秩序和节奏。总而言之，当学习成为有规律可循的日程，按部就班地进行，孩子就无须每次都与自己的本能抗争，才能战胜贪玩的心学习了。

　　在很多家庭里，父母习惯于坐在旁边盯着孩子做作业。其实，这样做完全没有必要。父母要让孩子在单独的空间里有序地推进学习。在此期间，父母可以在其他房间里阅读、学习或者工作，还可以看一部电影等。**父母要避免强势介入孩子的学习，也要避免精细地管教孩子，只有在适度自由的状态下，孩子才能渐渐地养成自我管理的好习惯。**

　　在网络时代里，孩子常常面临各种各样的诱惑，诸如看视频、浏览八卦新闻、与同学或者朋友闲聊、玩网络游戏等。很多成年人也因为随时随地能上网，而导致原本大段大段的时间被切割得七零八落，更何况是孩子呢。为了避免因此而拖延，父母可以和孩子一起制定规矩，诸如每个周末可以玩两小时游戏，工作日里坚决不允许使用电脑和手机等。这样有助于孩子坚持自我管理，远离各种诱惑。

小贴士

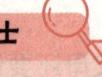

　　在短时间内学习时,孩子可以为自己设立小目标,例如一小时完成一篇作文,一小时完成一张数学试卷等,这些小目标都能督促孩子抓紧时间、争分夺秒地完成学习任务。当孩子在固定时间内完成了既定的任务,他们一定能够获得成就感,因此继续以这样的方式提高效率,戒掉拖延。

引导孩子处理好异性关系

进入青春期，孩子的性意识开始觉醒，从小学阶段只需要和同性同学或者朋友一起玩耍，到对异性产生好奇，也想要亲近异性，这代表着孩子的成长。然而，很多父母坚决杜绝孩子结交异性朋友，他们认为孩子与异性朋友交往会发生早恋，而早恋则会严重影响孩子的学习。基于这样的想法，大多数父母反对孩子结交异性朋友，更是对孩子早恋如临大敌。其实，孩子即使结交异性朋友，也未必是在早恋；孩子即使真的与异性朋友之间生出懵懂的感情，也未必影响学习。

俗话说，哪里有压迫，哪里就有反抗。很多青春期的孩子有很强烈的叛逆心理，父母越是反对或者禁止他们做什么事情，他们越是会违背父母的意愿，或者与父母对着干。事实证明，不管父母对孩子与异性交往怀着开放包容的态度，还是坚决禁止或者反对，都无法阻止孩子走向性成熟。青春期孩子对异性充满好奇，还不能合理地认知性别角色。在这个至关重要的阶段，父母要引导孩子与异性之间保持适度交往，避免孩子对异性产生偏见，也积累与异性相处的经验，孩子在长大成人之后才能发展健康的两性关系。反之，父母如果过于郑重其事地阻止孩子与异性交往，让孩子对于与异性相处感到恐惧或者抗拒，那么孩子就无法用健康的心态对待异性。

需要注意的是，在大概十岁前后出现的异性好感期中，有些孩子对异性感到好奇产生好感的表现方式，不是亲近异性，而是故意捉弄异性。例如，有些男孩会故意捉弄班级里的女孩，以各种奇怪的生物吓唬女孩，或者是对女孩疏远又冷漠等。因而，在看到男孩进入青春期后亲近异性，对异性表现出好感，父母往往感到惊讶，也很难接受孩子巨大的转变。这并非孩子行为反常，而是因为父母不了解孩子的身心发展规律和特点。

在班级里，孙阳特别受女生欢迎，因此被起哄的男同学们起了个外号，叫作"妇女之友"。对此，孙阳丝毫不懊恼，而是欣然接受。有一次，妈妈提前下班路过孙阳的学校，恰好孙阳即将放学，因而妈妈等在学校门口，想带孙阳吃麦当劳。很快，下课铃响了，孩子们陆续走出校园。妈妈等了很久也没看到孙阳的身影，不免有些着急。正在此时，妈妈看到孙阳和一个女生并肩走出教学楼，他们还有说有笑的，看起来其乐融融。妈妈的心不由得悬了起来。她赶紧躲在一旁的大树后面，生怕惊动了孙阳。

一路上，妈妈看到女生始终和孙阳并排走着，还从书包里拿出一根棒棒糖给了孙阳。妈妈不动声色，跟着孙阳和女生。直到走到家附近的岔路口，孙阳才和女生分开，走向不同的方向。当天晚上，妈妈装作没事人，观察孙阳的表现。看到孙阳和往常一样主动学习，妈妈不由得如释重负。周末，电视上的一档节目讨论青春期孩子的早恋问题，妈妈这才假装漫不经心地询问孙阳："阳阳，你们班级里有男孩和女孩恋爱的吗？"阳阳回答道："据我所知，应该没有。不过，也说不好，说不定有呢。"接着，孙阳问妈妈："妈妈，对于青春期早恋，你有什么想法吗？"妈妈仔细斟酌，认真说道："其实，恋爱没有早晚。"说完这句话，妈妈很确信看到孙阳的眼睛亮了，也有些疑惑妈妈为何会这样回答。妈妈继续说道："人们之所以给青春期恋爱冠以早恋的名号，是因为担心恋爱会影响学习，毕竟初高中阶段的学习任务是很繁重

第五章 成绩与情绪，解决孩子的成长难题

的，学习压力也很大。就我个人来说，如果男孩与女孩彼此产生了好感，却又心照不宣，没有捅破窗户纸，那么就不能算作早恋。更美好的是，如果男孩与女孩能约定考入同一所理想的大学，那简直就是人间佳话。"孙阳忍不住对妈妈竖起大拇指，由衷地赞赏道："妈妈，真没想到你的观念这么先进，这么超前。我跟你说，大多数父母一听到'早恋'这两字就会抓狂，更别说心平气和地与孩子讨论早恋了。我要是把你的这番言论告诉我的同学们，他们不得羡慕死我啊！他们经常和父母吵架，就是因为父母不理解他们。"

接着孙阳的话茬，妈妈继续说道："这也是可以理解的，毕竟初中努力学习，才能考上重点高中，才能考上理想大学。这就像是连环套，其中有一个环节脱节，都会导致一连串的后果。毕竟，青春期的孩子情绪容易冲动，无法控制恋爱的节奏和分寸，很容易因为恋爱中状况百出而情绪暴躁，那就得不偿失了。总之，要是能控制好感情，互相激励，携手走入理想大学，早恋也就没有那么可怕了。"孙阳陷入了沉思。

妈妈当然知道孙阳即使没有与女生恋爱，也与女生关系亲近。为此，妈妈没有声色俱厉地禁止孙阳与女生交往，而是引导孙阳如果真的喜欢某个女生，那么要与对方约定好一起考入理想的大学。与此同时，妈妈也借着其他家长表明自己对于早恋的态度，即早恋容易影响情绪，继而影响学习，导致严重的后果，所以需要慎重对待。相信聪明的孙阳在与妈妈进行这次沟通之后，一定知道自己应该怎么做。

在青春期，孩子不但要发展智商、情商，也要发展爱商。所谓爱商，顾名思义指的是一个人处理感情的能力，了解爱情本质的能力，以及接受他人的爱和表达自己的爱的能力。**孩子唯有提高爱商，在长大成人之后才能处理好感情问题，**

也获得美好的爱情。 反之，孩子的爱商如果很低，那么他们就会陷入感情的困境中，甚至无法以正常的心态对待异性，与异性交往。这无疑会影响孩子的人生。

作为父母，要了解孩子在青春期的身心发展规律和特点，这样就会知道只要是正常的孩子，都会对异性感到好奇，也会产生好感。为此，父母要接纳孩子的成长，为孩子营造幸福温馨的成长氛围，也要真诚地与孩子沟通关于感情的问题，这样才能让孩子形成良好的社交能力，也学会以礼貌的方式有分寸地与异性交往。

小贴士

记住，父母切勿反应过激，否则就会引起"罗密欧与朱丽叶效应"，使孩子故意违抗父母的禁令，增进与异性的关系。只有在宽松的环境中，孩子才会发挥自我管理能力和自我控制能力，从而表现得更加理性。

学会比较

很多父母都热衷于做一件事情,即把自己家的孩子与别人家的孩子进行横向比较。殊不知,对于孩子而言,每当父母说出"别人家的孩子",他们就会万分紧张,也很抗拒随之而来的横向比较。**对于这种屡见不鲜的横向比较,有人认为,父母摧毁孩子自信的最有效的方式之一,就是让孩子活在别人家孩子的阴影中,始终无法摆脱,更无法逃避。**针对青少年的心理健康状况,中国社科院的几个机构联合起来进行了调查,结果发现未成年人最讨厌父母说的五句话,就包括"别人家的孩子"这句话,足见孩子们对这句话的厌恶程度之高。在很多孩子的心目中,别人家的孩子简直成为他们的噩梦,也如同无法驱散的幽灵。

在家庭教育中,那些自作聪明的父母喜欢用横向比较的方式为孩子树立榜样,以激励孩子奋发图强,试图赶超"别人家的孩子"。遗憾的是,这只是父母的一厢情愿而已。事实证明,当被父母拿去与别人家的孩子比较,孩子们非但不会努力勤奋地试图超越他人,反而会因为被他人的阴影笼罩,而变得自卑、沮丧,还有可能迷失真实的自己。更糟糕的是,有些孩子始终无法摆脱自卑的困顿,导致在漫长的人生中始终自我否定,陷入深深的痛苦之中。父母一定没有想到,他们自以为是的比较真的改变了孩子的一生,只不过这种改变是他们不愿意看到的。

青春期孩子尽管自我意识觉醒，但是他们依然缺乏自我评价的能力，无法客观中肯地评价自己。在这种情况下，他们选择信任父母，以父母的评价为基础进行自我评价，他们还选择依从权威，使自己处于被动的地位。因此，如果父母总是批评打击孩子，孩子的自我评价一定会处于较低的水平，孩子还有可能彻底否定自己，自暴自弃。反之，如果父母总是认可赏识孩子，孩子就能形成正确的自我评价，建立信心，充满力量。

正如一位名人所说，在这个世界上，从未有两片完全相同的树叶，更何况是孩子呢？每个孩子都是独一无二的存在，他们有着鲜明的个性，也有着自身的成长节奏和发展特点，还有着与众不同的优势与特长。又因为每个孩子生存和成长的环境不同，受教育的经历和程度不同，所拥有的父母也是不同的，为此孩子之间的差异越来越明显。如果父母以孩子的优势与他人的劣势比较，那么孩子就会盲目自信；如果父母以孩子的劣势与他人的优势比较，那么孩子就会盲目自卑。总之，父母要摆正心态，用发现的眼光看待和欣赏孩子，认可孩子在很多方面的表现，也始终坚持关爱和鼓励孩子。

每时每刻，孩子都在成长，也因为成长而呈现出不同的变化。其实，孩子只要比此前有所进步，就是值得赞许的。反之，孩子如果比此前有退步，那么就要引起重视，当即调整自身的状态，继续拼搏奋进。父母要无条件接纳孩子，认可孩子的平凡和普通，这样才能让孩子成为真实的自己。有些父母对孩子怀有过高的期望，也常常用自己认为对的方式督促孩子成长，这样做只会让孩子感到迷惘，也会迷失自己。

如果说把自己家的孩子与别人家的孩子比较是错误的，那么怎样的比较才是正确的呢？那就是坚持纵向比较。所谓纵向比较，就是把孩子今天的表现和昨天的表现相比，只要有一点点进步，父母就要认可孩子，也可以把孩子现在的成绩和此前的成绩相比，以观察孩子是否在不断成长。以纵向比较的理念为依据，在对孩子提出期望的时候，父母要以孩子的现状为参照，提出适度的期望。所谓适度的期望，即这样的期望是现在的孩子所达不到的，但是孩子只要坚持努力，就能够达到，从而获得成就感。由此可见，坚持纵向比较还可以激励孩子持续努力，不断成长。

升入高二，原本在数学学习方面就表现平平的周磊，数学成绩一落千丈，在月考中居然考到了全班倒数第一。150分满分的试卷，周磊只考了90多分，只数学这一门课程的成绩，就决定了他的总分水平。家长会结束后，妈妈忍不住督促周磊要认真学习数学，她对周磊说："周磊，在数学学习方面，你要多多向你的同桌学习，你看看，人家数学考了130多分呢。"周磊当即点点头，说道："的确，我要是数学考130多分，我都能进入班级前十名了。"妈妈欣慰地笑着，她还以为周磊被她说服了呢。

这个时候，周磊话锋一转，说道："妈妈，你知道我同桌英语考了多少分吗？"妈妈摇摇头，周磊说道："比我的数学更差，只考了80多分。"妈妈惊讶极了，周磊仿佛达到了目的，说道："看吧，数学是他的强项，英语是我的强项，数学是我的弱项，英语是他的弱项。这就是'金无足赤，人无完人'。"妈妈恍然大悟，原来周磊是为了给她讲道理啊！即便被周磊反过来上了一课，妈妈也没有放弃说服周磊，她语重心长地说："周磊，如今的情况还是很严峻的，你不能因为数学一门课程就影响总分。我建议你，要把时间和精力向着数学倾斜，至少保证数学不会拖后腿。咱们不和别人比了，就和自己比吧，希望你下次考试数学能有进步。"周磊点点头，让妈妈放心。

在这个案例中,妈妈一开始采取了错误的横向比较,因此招致周磊不满。周磊没有直接反驳妈妈,而是以同学数学好英语差为例,提醒妈妈既要看到自己的缺点和别人的优势,也要看到别人的缺点和自己的优势。妈妈非常聪明,马上就明白了周磊的意思,因而提出让周磊和自己比较,争取有所进步。

在学习方面,孩子是最希望考取好成绩的人,他们也迫切渴望得到父母的认可与肯定。遗憾的是,偏偏很多父母不愿意给予孩子鼓励和支持,而最擅长否定、批评和打击孩子,长此以往必然影响孩子做出正确的自我评价。

小贴士

从现在开始,父母要端正心态,不要总是挑剔和苛责自己家的孩子,而是要以发现的眼光看到孩子身上的闪光点,这样才能多多鼓励孩子。当父母相信孩子,也坚持看到孩子的成长和进步时,孩子就会形成自信,也能够以最好的状态成长起来。

适度上网，防止成瘾

近些年来，随着网络的普及和智能化电子设备的普及，越来越多的孩子沾染上了网瘾。在有些家庭里，网瘾严重的孩子给父母带来了巨大的痛苦，甚至与父母之间爆发激烈的冲突，导致家庭生活出现变故，孩子的命运也由此转折。针对很多人有严重网瘾的社会现象，2018年，世界卫生组织把"游戏成瘾"列入《国际疾病分类》中，将其定义为成瘾性精神障碍，这属于精神疾病的范畴。由此可见，游戏成瘾现象已经不是某个人或者某个家庭面临的难题，而是全社会、全世界面临的难题。具体来说，游戏成瘾的症状包括沉溺于游戏无法自控，不能控制玩游戏的频率、时间长度，也不能控制玩游戏的强度。**长时间沉迷于虚拟的游戏中，既缺乏对于现实生活的兴趣，也不能开展正常的生活**。很多重度游戏成瘾者，明知道无节制玩游戏对自身的危害极大，会使自己无心生活，无心学习，但是他们依然无法控制玩游戏的欲望。最重要的是，他们已经持续这样的糟糕状态至少一年了。通过以上文字的描述，我们发现游戏成瘾者均有不同程度的脱离社会的表现，也已经在正常生活方面出现了障碍。

在中国，青少年网络协会数次进行网瘾调查，结果显示在城市里，大概14%的青少年都染上网瘾，这意味着染上网瘾的青少年约有2400万人。而在那些非网瘾青少年中，也有约12%的青少年出现网瘾的倾向，具体人数高达1800

余万人。这是一个多么可怕的数字啊。如果说网瘾青少年的人数多得可怕，那么"预备"网瘾青少年的人数更是令人触目惊心。

进入青春期，孩子原本应该以学习为重，发展各个方面的能力，形成各种优秀的品质。因为青春期是从少年到成年的过渡时期，顺利度过青春期，也就意味着孩子真正走向了成熟。遗憾的是，孩子却在这样美好宝贵的人生阶段沉迷于虚幻的网络世界。<u>沉迷网络，对于孩子的危害不仅仅是浪费时间和精力，更是会危害孩子的身心健康，影响孩子发展认知能力、社交能力等，严重降低孩子的社会适应性。</u>

那么，孩子为何喜欢玩网络游戏呢？通常情况下，孩子沉迷网络游戏，不外乎以下几种原因。例如，父母缺席孩子的成长，很少陪伴孩子，使孩子缺乏父母的关爱和引导；家庭气氛压抑，原生家庭不幸福，使孩子想要逃离到虚拟的网络世界里；学习方面承受着巨大的压力，常常因为学习成绩不好而被父母批评和训斥；父母没有承担起监护孩子成长的职责，使孩子受到社会上不良青年的影响，和他们一起混迹于网吧等鱼龙混杂之地，结果孩子在成长的道路上偏离了正常的轨道；父母严令禁止孩子接触网络，使孩子对网络充满好奇，一旦有机会，他们就会沉迷网络，放纵自己玩游戏的欲望和行为……<u>总之，孩子并非天生就沉迷网络，正是因为在后天成长的过程中出现了各种问题，他们才会在网络中失去控制力，最终沉迷在网络的世界里无法自拔。</u>

作为留守儿童，豪杰时常怀疑他是否是父母亲生的，为何其他父母都坚持陪在孩子身边，而他的父母却长年累月地在外打工，只有春节才回家几天。其实，父母也常常觉得亏欠豪杰，因而会给豪杰一些钱让豪杰当零花钱用。尤其是在豪杰进入县城的

初中读书之后，他们更是会私下里给豪杰钱，让豪杰改善生活。结果，豪杰把这些钱都用来去网吧玩游戏了，学习成绩一落千丈，就连考上高中的希望都很渺茫。在接到班主任的电话，得知豪杰的学习状况后，父母当即请假回家，询问豪杰为何会沉迷网络游戏。豪杰说："其他孩子都有父母在身边，我却孤孤单单，爷爷奶奶年纪大了，根本不理解我。"听到豪杰的倾诉，爸爸妈妈很心疼豪杰，也意识到豪杰到了学习的关键时期。经过商讨，妈妈决定辞职回家陪读，而爸爸则继续返回工厂工作。

在妈妈的陪伴和引导下，豪杰不再像此前那样无节制地玩游戏。为了让豪杰安心读书，爸爸还不惜花费几千元为豪杰购买电脑。爸爸临出发前告诉豪杰："豪杰，爸爸妈妈不是禁止你玩游戏，而是希望你适度玩游戏。例如，周末休息可以玩一两小时，以不影响学习为限度。平日里要学习，要完成作业，就不要碰电脑了。"豪杰深受感动，他这才确信爸爸妈妈是爱他的。爸爸出发回到工厂后，妈妈每天换着花样给豪杰做好吃的，豪杰开心极了。他把心思都放到了学习上，很快就提升了学习成绩。每到周末，他和妈妈商量决定只玩两小时电脑，这样既过足了游戏瘾，又不影响学习。经过三年的努力，豪杰如愿以偿考入重点高中。对于游戏，他再也没有痴迷和沉溺过。

很多青春期孩子之所以痴迷于游戏，是因为缺乏父母的监管和陪伴，也是因为对现实感到不满，所以只能去虚拟的网络世界里逃避现实。此外，青春期孩子自我管理能力和自我控制能力都处于较低的水平，因而父母既要表达对孩子的尊重和信任，也要和孩子一起制定规矩，并且以身示范为孩子做好榜样，坚持做到言行一致。

当发现孩子玩游戏，父母切勿严格禁止孩子玩游戏，而是要理性对待，适度管控。这是因为过于严格禁止，会激发起孩子的逆反心理，使孩子从光明正大地玩游戏转变为偷偷摸摸地玩游戏,后果更加严重。**只有给予孩子适当的机会接触网络,也合理满足孩子玩游戏的欲望,孩子才能学会自我管理和自我控制。**父母除了说教孩子外,还可以陪伴孩子做更多有趣的事情,例如和孩子一起旅游,一起去郊外远足,一起去看电影等,这些有意义的家庭活动都能有效转移孩子的注意力,使孩子远离网络。

小贴士

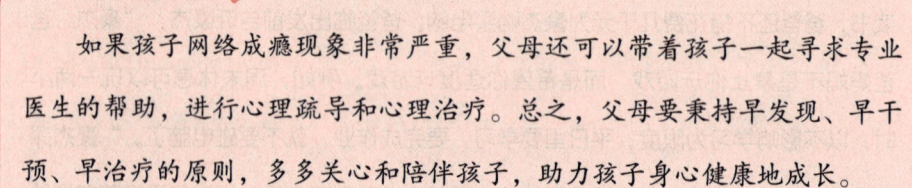

如果孩子网络成瘾现象非常严重,父母还可以带着孩子一起寻求专业医生的帮助,进行心理疏导和心理治疗。总之,父母要秉持早发现、早干预、早治疗的原则,多多关心和陪伴孩子,助力孩子身心健康地成长。

面对霸凌，教会孩子勇敢面对

有相关机构通过互联网进行调查，发现在全世界范围内，超过30%的学生都有遭遇校园霸凌的经历，这意味着大概有2.4亿学生都曾经在校园生活中被其他学生恶意地欺辱，甚至是伤害。除此之外，有一些学生扮演着霸凌者的角色，有极少数学生既是霸凌者也是被霸凌者。在遭受校园霸凌的学生中，大概40%的学生因为无法忍受被恶意欺凌和伤害，只能选择转学、暂时休学或者是彻底放弃学业。从这些触目惊心的数字不难看出，校园霸凌现象是极其严重的，也给很多学生带来了无法愈合的身心创伤。

根据校园霸凌的不同特征，可以将其分为言语霸凌、关系霸凌、性霸凌和肢体霸凌等。其中，肢体霸凌以直接的方式给孩子带来了严重的伤害，造成了极为恶劣的影响。

校园霸凌现象之所以如此广泛和猖獗，恰恰是因为被霸凌者不敢反抗，而很多旁观者也不敢挺身而出，为被霸凌者伸张正义。如此一来，霸凌者就会从最初的胆战心惊，渐渐转变为肆无忌惮。有些霸凌者因为原生家庭、性格内向、学习成绩糟糕等原因变得很自卑，就只能以欺辱和伤害其他同学的方式获得优越感，补偿自己脆弱的自尊心。由此可见，与被霸凌者在经受一段时间的霸凌之后心理受到伤害不同的是，霸凌者从发生霸凌现象之初就有严重的心理问题。从心理学的角度来说，霸凌者比被霸凌者更迫切地需要得到心理诊疗和帮助。

根据校园霸凌现象的严重程度不同，被霸凌者的反应也是不同的。有些被霸凌者胆小怯懦，即使感到屈辱，也不敢把事情告诉老师和家长。有些被霸凌者害怕被小团体排挤，也害怕被贴上喜欢打小报告的标签，因而甚至不敢把自己正在经历的事情告诉同龄的小伙伴。在长期压抑的恐惧、紧张和焦虑中，他们的心理渐渐扭曲，性格出现缺陷，有些孩子因为极度恐惧而自残甚至是自杀，有些孩子则从忍气吞声、承受伤害走向另一个极端，变成霸凌者，以残忍的手段欺负其他同学，借着这样的机会发泄内心的愤怒和不满。

如果说霸凌者的欺辱和伤害加剧了被霸凌者的恐惧，那么被霸凌者的忍耐和无助，则加剧了霸凌者的恶行，使霸凌者在变态的满足中更加变态和暴力。**作为父母，一旦发现孩子有霸凌行为，或者成为被霸凌的对象，一定要关注孩子的心理问题和行为异常，也积极地陪伴孩子寻求专业帮助。**

吃晚饭时，妈妈发现王斌的脸颊有些红肿。她不动声色，继续仔细观察，结果看到王斌的手背上也有擦伤。吃过晚饭，妈妈特意检查了王斌一回家就换下来塞进洗衣机的校服，看到校服脏兮兮的。妈妈这才询问王斌："王斌，今天在学校里过得好不好，发生什么事情了吗？"王斌没抬头，继续盯着书桌上摊开的作业，说道："没有，没有。"王斌的声音很小，就像蚊子哼哼。妈妈追问道："那么，今天上体育课了吗？"王斌还是摇头。妈妈说道："王斌，抬起头，看着我的眼睛。"王斌有些胆怯地抬起头，妈妈接着问道："你被人欺负了，是吧？"王斌有些惊讶地看着妈妈，眼眶红了。妈妈柔声说道："王斌，你要把具体的情况告诉妈妈，这样妈妈才能帮到你。"在妈妈的耐心启发下，王斌这才把最近一个多月被欺负的事情告诉妈妈。妈妈

无比震惊,她从未想到王斌居然每天都提心吊胆地上学。

得知情况后,妈妈原本想当即去学校找老师反馈情况,也找到欺负王斌的孩子家长沟通。然而,爸爸说道:"这件事情刚发生不久,我建议还是鼓励王斌勇敢面对,尽量自己解决问题。其实,那些孩子之所以变本加厉,就是因为发现王斌性格软弱,好欺负。我们即使这次帮了王斌,他未来也有可能面对同样的问题。"妈妈认为爸爸说得有道理,因而和爸爸商量之后达成一致。他们郑重地和王斌沟通了这个问题,爸爸鼓励王斌:"王斌,如果你每次被欺负只会逃跑,或者忍气吞声,欺负你的人就会更加小瞧你。从你的描述来看,那几个同学也很弱小,单凭体力,他们未必能一对一战胜你。不过,他们人多,所以你要给自己壮胆,在气势上占优势。"王斌哭着问:"你和妈妈不能去找老师吗?"爸爸耐心解释道:"老师只能管学校里发生的事情,对于上学和放学路上发生的事情,老师也鞭长莫及。我认为,你只要足够勇敢,那些人就不敢再欺负你。你放心,最近这段时间爸爸会暗中保护你,你再被人欺负,就勇敢地反击,爸爸在必要的时候一定会现身的。"在爸爸妈妈的轮番鼓励下,王斌终于鼓起勇气,下定决心要勇敢反抗。

在这个案例中,爸爸妈妈的做法值得借鉴。他们通过询问得知,那些同学对王斌的霸凌还不是特别严重,也没有造成不可挽回的后果,因而决定让王斌勇敢地解决问题。与此同时,爸爸还承诺会暗中保护王斌,这样就能打消王斌的顾虑,也能让王斌勇往直前。相信当王斌凭着自己的力量和勇气击退那些霸凌者时,他将来一定能学会保护自己。

作为父母,一定要认真仔细地观察孩子,只要发现孩子的行为表现反常,情绪低沉消极,身上有与人而发生冲突的痕迹,父母既要耐心询问孩子究竟发生了什么,也要及时地引导和帮助孩子。**父母尤其需要告诉孩子的是,被霸凌**

不是孩子的错误，从而理解、安慰和鼓励孩子，也让孩子充满信心和勇气与霸凌者对抗。上述故事中，爸爸说得很对，不管是老师还是父母，都不可能每时每刻关注和保护孩子，所以对于孩子而言，要有勇气，坚持进行自我保护，这才是最重要的。

小贴士

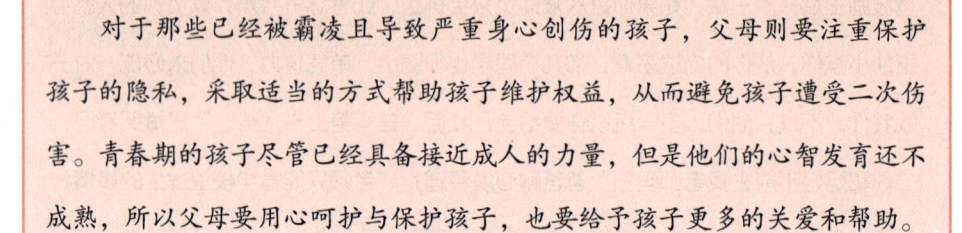

对于那些已经被霸凌且导致严重身心创伤的孩子，父母则要注重保护孩子的隐私，采取适当的方式帮助孩子维护权益，从而避免孩子遭受二次伤害。青春期的孩子尽管已经具备接近成人的力量，但是他们的心智发育还不成熟，所以父母要用心呵护与保护孩子，也要给予孩子更多的关爱和帮助。

06 第六章

共鸣与共情，
接纳孩子才能引导孩子

第六章 共鸣与共情，接纳孩子才能引导孩子

安慰，让孩子不再难过

很多父母最怕孩子哭，因为对孩子的哭泣感到紧张焦虑，所以他们更关注如何在最短的时间内让孩子停止哭泣，而忽略了孩子哭泣的真正原因。这么做的直接后果就是父母无法与孩子产生共情，甚至认为让孩子伤心难过的事情根本不值一提，因而否定和忽略孩子的感受。例如，孩子因为在比赛中没有取得好成绩而伤心落泪，父母固然奉行赏识教育，劝说孩子不要哭泣，而要争取在下次比赛中有更好的表现，但是没有理解孩子的感受。这样的做法非但不能成功劝说孩子停止哭泣，反而会让孩子感到更委屈更难过。在孩子心中，父母根本不知道他们为何失落，为何落泪，因而他们还会产生孤独感，觉得自己不被关注、理解和接纳。

作为父母，面对伤心失意的孩子，不如想象自己在工作中把一项重要的任务搞砸了，因此不但牵连了同事们，而且被上司严厉批评。当自己正陷入懊丧后悔的情绪中时，如果家人云淡风轻地说："哎呀，不就是一个小小的项目吗，搞砸了也没关系，根本不值得伤心难过。"那么，你会怎么想呢？你一定暗暗抱怨对方根本不理解自己的感受，也不看重自己的工作，因而情绪更加消沉低落。

每一个伤心难过的人都渴望被理解和接纳，成人如此，孩子也是如此。

当父母否定孩子的情绪，甚至对引起孩子负面情绪的事情不以为意，那么孩子不但认为父母不理解自己，也会认为父母不允许自己表现出脆弱的一面。在这种情况下，青春期孩子尽管身体发育接近成熟，但是内心依然不够强大，为此他们只能假装坚强，以伪装保护真实的自己。为此，他们变得很强势，不愿意面对和接受失败，也不愿意接受自己的平凡和普通。他们要想获得安全感，就要在各个方面都遥遥领先于他人。否则，他们就会颓废沮丧，甚至面临精神崩溃的困境。

作为父母，切勿以成年人的眼光看待让孩子伤心失意的事情，而是要坚持换位思考，从孩子的角度出发思考问题，也从孩子的立场上衡量和判断某些事情。 当孩子因为失去一个朋友而伤心的时候，父母要接纳孩子的情绪，也要教会孩子反思自己的做法是否伤害了朋友，从而更好地维护和经营友情。如果父母漫不经心地安慰孩子"没关系，他不和你做朋友，你还有其他的好朋友呢"，那么孩子就会轻视友谊，不珍惜朋友。当孩子因为失去一个心爱的东西而懊丧时，如果父母不以为然地对孩子说"旧的不去新的不来，失去了旧的，妈妈再给你买新的"，那么孩子必然不珍惜心爱之物，渐渐地还会漠视那些值得珍惜的东西。总之，父母的行为举止都会给孩子带来深远的影响，所以哪怕急于安慰孩子，父母也不要对孩子的情绪和感受表现出无视甚至轻视。安慰孩子的关键在于接受孩子的情绪。在很多情况下，孩子未必真的想要得到父母的安慰，或者是希望父母能够提出切实有效的建议，而只是想要倾诉，也想被父母倾听。父母要保持敏感的心灵，这样才能感受孩子的感受，也要保持尊重和接纳的态度，这样才能接住孩子的情绪。当父母做到如上两点，哪怕并没有给孩子提供实质性的帮助，孩子也会得到安慰，从而平复情绪。

第六章
共鸣与共情，接纳孩子才能引导孩子

这天傍晚，妈妈正在厨房里做饭，小雅怒气冲冲地推门而入，喊道："气死我了，我和若男再也不是好朋友了，她就是个'长舌妇'。"一句话还没说完，小雅就如同一阵风一样进入房间，并且重重地关上了房间的门。妈妈虽然不知道究竟发生了什么事情，但是她知道小雅一定是和若男闹矛盾了。

吃完晚饭，妈妈假装漫不经心地询问小雅："小雅，今天在学校里过得怎么样？"小雅懊丧地说："过得糟糕透了，从未有过的糟糕。"妈妈假装惊奇地问："是吗？发生了什么事情，可以说出来让我分担一下吗？"小雅的眼睛里噙满泪水，说道："还不是可恶的若男，居然把我曾经告诉她的秘密告诉了别人，她就是个'长舌妇'，不值得信任。"妈妈默默地点点头，说："被泄密的感觉一定很糟糕。"得到妈妈的理解，小雅委屈得眼泪簌簌而下。妈妈继续说道："其实，我读高中的时候也有过这样的经历，那会儿我就比你大两岁。不过，我因为这样的经历悟出了一个道理。"小雅好奇地看着妈妈，妈妈笑着说道："那就是先管好自己的嘴巴，不能被他人知道的事情，一定不能说出去。"小雅恍然大悟，忍不住破涕为笑。她说："妈妈，我也要记住这个道理，这可是深刻的教训啊！"妈妈说："难怪人们常说'吃一堑长一智'呢，就是这个道理。"小雅转念一想，说道："这么看来，也不能完全怪若男，谁让我把秘密告诉她了呢，让她忍住不说简直是在折磨她。除了是个'长舌妇'之外，其实若男还挺好的，很讲义气。"妈妈这才欣慰地笑了起来，说："看起来，你不需要我开解了，与朋友交往的方式也要因人而异，比如可以和若男一起做那些疯狂冒险的事情，但是不要告诉若男那些必须保守的秘密。"妈妈说完，小雅和妈妈相视一笑。

在这个案例中，妈妈非常聪明，面对小雅暴怒的情绪，妈妈先是认可和接纳小雅的感受，继而开导小雅要从自身寻找原因，才能从根本上解决问题。在妈妈不露痕迹的教导和劝说下，小雅改变了与若男绝交的想法，而是决定先从自己身上着手做出改变。这无疑是很明智的选择。

> **小贴士**
>
> 青春期孩子很容易情绪波动，面对孩子的负面情绪，父母一定要先接受孩子的情绪，而不是急于否定和打击孩子，更不要不分具体事情就告诉孩子"没关系"。孩子需要的不是不痛不痒的安慰，而是认可和接纳，也是情感的共鸣。要想当好父母，把话说到孩子的心里去，就要理解孩子的真实想法和感受，这样才能引导和帮助孩子处理好引起情绪波动的各种问题。

鼓励，让孩子不再悲观

面对日常生活中的各种人和事情，有些孩子往往习惯性地关注悲观的方面，因而否定和打击自己，暗示自己"我不行""我做不到""我很害怕"等。在这种心理暗示的作用下，他们必然低估自身的能力，也会陷入负面的思考模式中，导致不敢轻易尝试很多事情，也常常被失败纠缠。**如果悲观的孩子能够转变心态，积极乐观地看待问题，那么他们一定会变得截然不同。**

那么，哪些因素会影响孩子的心态，使孩子变得悲观或者乐观呢？著名心理学家塞利格曼认为，思考问题的模式决定了孩子的心态。思考模式并非天生的，而是孩子在后天学习和成长的过程中渐渐形成的。在家庭教育中，父母要引导孩子形成积极的思考模式，这样才能培养孩子乐观的心态。具体来说，**父母要以言传身教的方式潜移默化地影响孩子**。在一个家庭里，如果父母习惯于悲观地思考问题，那么孩子也会变得悲观；如果父母习惯于乐观地思考问题，那么孩子也会变得乐观。此外，在面对孩子成长中出现的各种问题时，父母要多多鼓励和支持孩子，而不要动辄批评和否定孩子，否则同样会使孩子形成过低的自我评价，陷入悲观情绪的泥潭中。

在语文学习方面，小雪始终感到困难。早在初中阶段，她的语文成绩就很一般。升入高中之后，大语文的教学理念更加凸显，所以小雪面对语文学习常常感到困惑，压根儿不知道如何提升语文成绩。又因为高中阶段学习节奏紧张，学习任务繁重，所以小雪更没有时间阅读各种文学作品，以提升文学素养了。

这次月考，小雪的语文成绩很糟糕，居然考到了班级倒数第一。她伤心地回到家里，看到小雪愁眉不展的样子，妈妈知道小雪一定是出成绩了。为此，妈妈小心翼翼地询问小雪："小雪，有什么事情不开心吗？"小雪哇啦一下哭了起来，说道："妈妈，我的语文可怎么办啊，只考了八十多分，比起满分150分，快相当于五折了。"妈妈说道："没有，没有，接近六折呢。"小雪依然沮丧，士气不振，妈妈耐心地说道："小雪，语文学习不是短时间内就能提升的，尤其是作文。其实，这不怪你，而是因为爸爸妈妈没有引导你养成坚持阅读的好习惯。语文，主要靠平时的积累。高中阶段，可以自由支配的时间少，你觉得你需要买辅导书，提升阅读理解和作文吗？"小雪思考片刻，回答妈妈："妈妈，买辅导书也行，我的语文的确是太差了。照这样的成绩，我很难考上相对理想的大学。"

后来，妈妈和小雪一起挑选了一些辅导书，小雪认真钻研起来。在经过一段时间的补习后，小雪的语文成绩终于有了提升，能够勉强及格了。妈妈兴高采烈地对小雪说："小雪，你进步还是很快的，这说明你还是有学习语文的天赋的。继续加油，妈妈看好你哦！"听着妈妈轻松的话，小雪难得放松下来，如释重负地笑了。有一次，在学校里参加家长会之后，妈妈兴奋地回到家里，冲着小雪高兴地喊道："乖女儿，你这次语文居然突破了一百分。家长会结束后，我特意找到语文老师询问你最近语文学习的情况，你猜猜老师说什么？"小雪特别好奇，迫不及待地想要知道老师对她的评价，妈妈偏偏故弄玄虚，吊足了小雪的胃口，这才说道："老师说，你在语文学习方面进步神速，继续这样下去，语文说不定能考到120分呢。"小雪有些怀疑妈妈的话，迟疑地问："那么，老师在学校里为什么没这样对我说呢？"妈妈笑着说道：

第六章
共鸣与共情，接纳孩子才能引导孩子

"傻丫头，老师担心你会骄傲，他还叮嘱我不要把这番话转告你呢。但是，我怎么能忍住呢，我迫不及待要和你分享这份喜悦。"小雪这才相信妈妈说的话。后来，她对语文学习产生了极大的兴趣，拥有了极大的信心。经过一学年的努力，小雪的语文成绩居然稳定在110分左右，这让她很受鼓舞。她对妈妈说："妈妈，我接下来的目标是争取考到120分，这样我就能把总分提高10分，冲刺我最喜欢的师范大学啦！"妈妈毫不迟疑地对小雪竖起大拇指，说："妈妈一定全力以赴支持你，做好你的坚强后盾！"

通过小雪的成长，我们不难看到，父母的鼓励能够提升孩子的信心，也让孩子充满学习的动力。很多父母一旦发现孩子学习表现欠佳，或者学习成绩退步，就会批评、打击孩子。殊不知，这么做非但不能帮助孩子提高成绩，反而会使孩子在学习上的表现更加糟糕。

在否定的家庭环境中，孩子只会自我否定，自我贬低。唯有在积极向上、充满鼓励的家庭环境中，孩子才会充满自信，勇往直前。作为意大利著名的幼儿教育家，蒙台梭利明确指出，**每个孩子都是充满热情的观察者，他们很容易留意成人的行为，并且积极地模仿成人的行为**。从这个意义上来说，父母的言行举止必然深刻地影响着孩子的成长。

小贴士

每一位明智的父母都要坚持鼓励孩子，因为好孩子是夸出来的。即使进入青春期，孩子依然特别看重父母的评价，并且根据父母的评价进行自我评价，由此可见父母对孩子的成长起到了决定性作用。

理解，让孩子不再委屈

古人云，少年不识愁滋味，为赋新词强说愁。其实，这是对于孩子的不理解。**进入青春期，孩子的生活从简单变得复杂，烦恼也越来越多。**青春期的孩子面临着不被父母尊重和理解、与朋友和同学相处产生误会、遭到老师批评的烦恼等。每当感到委屈时，孩子忍不住要向父母倾诉，在这种情况下，父母最重要的是倾听孩子，接受孩子的情绪，而非扮演过来人的角色为孩子指出其中的道理，或者为孩子答疑解惑。很多父母先入为主地认为孩子是不懂道理的，为此总是批评和指责孩子，也高高在上地向孩子灌输道理。例如，当孩子与同学闹矛盾时，父母总是不由分说地劝告孩子要友善对待同学，而丝毫不关心孩子是否受到了同学不公平的对待或者是伤害；当孩子被老师批评的时候，父母总是指责孩子在学习上表现欠佳或者不遵守学校的规章制度，而没有想到老师也有可能因为偏袒某些同学而委屈了孩子；当孩子公然与父母叫板，拒绝执行父母的指令时，父母总是打着为孩子好的旗号强行让孩子做一些事情……这些都会让孩子感到委屈，进而生出烦恼。

青春期孩子比在人生的其他任何阶段都更渴望得到尊重和理解。有的时候，他们之所以急于倾诉，并不是为了得到父母的指导和帮助，而只是希望父母能够积极地倾听他们，就像倾听朋友。他们的重点也不在于阐述事情的

第六章
共鸣与共情，接纳孩子才能引导孩子

原委和始末，而是想要表达自己的感受和情绪。**通过倾诉，他们能释放内心的负面情绪，缓解内心的压抑，消除内心的不满，这样就能避免陷入冲动愤怒的状态中。**当孩子情绪不稳定，表现出委屈时，父母一定要管好嘴巴，贡献耳朵和心灵。

这天下午，刘娜正在上班，接到了学校打来的电话。老师怒气冲冲地告诉刘娜："张飞妈妈，麻烦你尽快到学校来一趟。张飞不但扰乱课堂纪律，而且目无师长，必须严厉批评。"听到老师情绪激动，刘娜第一时间就赶到学校。老师把事情的原委告诉了刘娜，刘娜当着老师的面批评了张飞。回到家里，看到张飞委屈的模样，刘娜温和地询问道："小飞，现在轮到你来说说事情的经过了。"张飞显然没有想到妈妈居然会让他再次讲述事情的经过，惊讶地反问道："妈妈，老师不是都已经告诉你了吗，而且你也已经批评过我了。"刘娜耐心地解释道："小飞，我之所以批评你，是因为不管什么原因，你都不能当众顶撞老师，让老师下不来台，而不是因为我认定是你的错。比起老师的讲述，我更想听你告诉我事情的经过。"

张飞这才娓娓道来。原来，老师规定中午休息时要保持教室安静，同学在被警告之后屡教不改，接连三次违反课堂纪律，负责维持纪律的班委才有权利惩罚同学抄写课文。这天中午，张飞带了很多课外书去学校，借给同学们看，因而有几个同学围在张飞身边，被班委严肃提醒了一次。原本，张飞已经要求同学们各自回到座位上了，但是班委却唯独惩罚张飞抄写课文。张飞不服气，和班委发生冲突，也告诉老师班委只提醒一次就要罚他抄写课文。老师允诺张飞去找班委核实情况，但是让张飞万万没想到的是，老师和班委核实的确只警告了张飞一次，不符合罚抄课文的条件，但是依然支持班委的决定。这让张飞感到极其不公平，因此与老师发生了冲突。

在张飞讲述的过程中，妈妈一直注视着张飞的眼睛，还时而点头，表示认可张飞

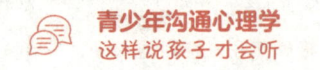

的话。等到张飞愤愤不平地讲完整件事情，妈妈才说道："听上去，的确是老师有失公平。也许是因为老师需要班委协助维持纪律，所以决定在班级其他同学面前维护班委的权威。在这个方面，你的确是受委屈了。不过，你可不能在班级里挑战老师的权威，毕竟老师要管理全班四十多个同学，是非常辛苦的。你可以私下里找到老师问清楚原因，我相信老师会向你做出解释。如果老师的解释不能让你满意，你回到家里还可以向我吐槽，好吗？我一定会为你伸张正义。"

得到妈妈的支持，张飞显然很惊讶，他此前还担心回到家里会被妈妈劈头盖脸地数落呢。自从这件事情之后，张飞非常信任妈妈，只要有了不开心的事情就会告诉妈妈。在妈妈的耐心引导下，张飞渐渐意识到世界上并没有绝对的公平，也学会了换位思考，理解和体谅他人。

青春期的孩子最容易感到委屈，这是因为他们的公平意识特别强，不管面对什么事情，都要求得到一视同仁的对待。在家庭生活中，当父母对某个孩子表现出特别的偏袒，就会招致其他孩子不满；在校园生活里，当老师对某个学生表现出青睐，同样也会招致其他学生不满。这正验证了一句话——不患寡而患不均。

孩子感到委屈不外乎两种情况：一种情况是的确受到了不公平的对待，因而满怀怨愤；另一种是从主观角度出发看待问题，只关心自己的利益，忽略了他人的合理需求，因而感到委屈。尤其是如今的孩子从小就得到全家人无微不至的关心和照顾，不管有什么愿望都会得到满足，为此他们更是习惯于以自我为中心，很少反思自己的言行举止，更是很难做到理性地看待和处理各种问题。

为了帮助孩子消除委屈，父母要与孩子之间建立顺畅的沟通渠道，这样才能第一时间了解孩子真实的想法和感受，也能当即给予孩子有效的帮助。具体来说，父母要积极地倾听孩子的心声，接纳孩子，这样才能鼓励孩子敞开心扉进行倾诉；父母要用身体语言表达对孩子的接纳，给予孩子积极的回应，让孩子继续有兴致地表达；父母切勿急于给孩子提出建议或者可行性意见，而要认识到孩子真正需要的是倾听，而非父母的指手画脚；父母要能够换位思考，从孩子的立场出发思考问题、解决问题，从而满足孩子的心理需求。

小贴士

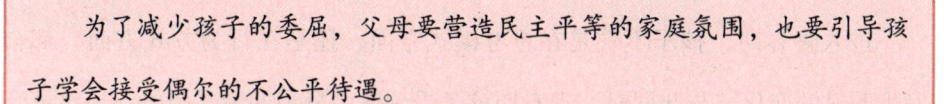

为了减少孩子的委屈，父母要营造民主平等的家庭氛围，也要引导孩子学会接受偶尔的不公平待遇。

肯定，让孩子释放热情

进入青春期，孩子不管是在思考模式方面，还是在行为方式方面，都会发生明显的变化。与此同时，青春期孩子受到体内分泌的激素影响，情绪更容易冲动，仿佛坐上了情绪的过山车，时而异常亢奋，时而沉默沮丧。在这种情况下，父母要帮助孩子平稳地度过青春期，而切勿对孩子采取强硬的手段，否则只会激化矛盾，加深隔阂，导致亲子关系破裂。良好的亲子关系是开展家庭教育的前提条件，可想而知，一旦亲子关系破裂，即使父母有好的教育理念和教育方式，也无法付诸实践。从这个意义上来说，父母要想教育好孩子，当务之急是与孩子建立关系，增进感情。明智的父母常常对孩子进行赏识教育，以肯定的方式激发孩子的潜力，帮助孩子释放内心的热情，也让孩子做出出类拔萃的表现。

进入青春期，孩子的自尊心特别强，最害怕丢面子。父母要与时俱进地改变教育方式和教育方法，切勿总是挖苦、讽刺和打击孩子，也不要总是以强硬的方式对待孩子。具体来说，首先要尊重孩子，其次要理解孩子，再次要接受孩子，最后要肯定孩子。俗话说，好孩子是夸出来的。如果父母总是打击和否定孩子，那么渐渐地孩子就会叛逆，自暴自弃。

当孩子出现某些异常的行为表现，父母不要急于批评孩子，而是要本着

第六章
共鸣与共情，接纳孩子才能引导孩子

尊重孩子的原则，认真倾听孩子讲述事情的原委，这样才能分析根本原因，做到有的放矢，对症下药。有些父母教育孩子特别盲目，除了形式上奉行赏识教育外，他们根本不知道什么才是真正的赏识教育，也不知道赏识教育的积极作用和意义。这使得他们的赏识教育始终流于形式，他们对孩子的肯定和接纳更是无法起到积极的作用。

赏识教育，就是肯定教育，即人们常说的正面教育。如今，很多教育家、心理学家都提倡对孩子坚持正面管教，这意味着父母和老师要多多鼓励孩子，大力支持孩子，这样才能满足孩子的内心需求，激发孩子的内心潜能。与肯定教育背道而驰的是，有些父母只要发现孩子犯错误，就对孩子随便打骂，长此以往，孩子必然自我否定，自我评价过低，也会做事情畏手畏脚。

坚持肯定孩子，除了在语言上给予孩子接纳与认可，还要主动对孩子放手。孩子进入青春期之后各方面的能力都得到提升，尤其是自理能力和自立能力。**父母要因势利导，用放手的方式给予孩子更大的自由空间，让孩子发挥自身的能力坚持成长和进步。**在这特殊的成长阶段，放手正代表着父母对孩子的认可与肯定。反之，如果父母依然事无巨细地包办，代替孩子做好所有的事情，剥夺孩子自主尝试的权利，那么孩子相关能力的发展就会受到限制。父母之爱子，则为之计深远。对父母而言，唯有跟随孩子成长的节奏，给予孩子机会发展独立思考的能力，让孩子形成自己的主见，孩子将来才能摆脱对父母的依赖，更好地独立生存。

有些父母试图以挖苦、讽刺和打击的方式，激发孩子不服输的精神。这只是美好的幻想而已。无数事实证明，在家庭教育中，当父母总是否定孩子，孩子就会陷入自卑的泥沼，形成过低的自我评价。反之，父母唯有坚持肯定孩子，才能帮助孩子形成自信，让孩子鼓起勇气，因而坚持较高的自我评价。这是因为哪怕已经进入青春期，孩子自我评价和自我认知的能力依然有所欠缺，所以他们会选择信任最亲近的父母，也把父母对他们的评价作为自我评价。可想而知，父母的评价对孩子的影响是巨大且深远的。<u>要想培养出优秀的孩子，要想让孩子成为自己所期待的样子，父母就要坚持认可与赞美孩子，这样才能激发出孩子成长的内驱力，让孩子始终不断进步。</u>

最近，文文特别想学习古筝。妈妈想劝说文文放弃，因而对文文说道："文文，你已经读初中了，学习任务越来越重，仅仅完成学校里的学习任务就需要花费很多时间和精力，此外还要补习那些弱势学科呢。所以，妈妈建议你还是不要学习古筝了，学习乐器需要投入大量的时间和精力，你就更没有时间休息娱乐了。"对此，文文坚定不移，不假思索地说道："妈妈，我想学习古筝，也能协调好学习。您就给我报名吧！"

妈妈架不住文文软磨硬泡，只好给文文报名学习古筝。但是，妈妈没有放弃说服文文。文文才上了几次课，妈妈又开始给文文吹耳边风，说道："文文，你要是觉得学习古筝太累，就放弃，妈妈不会怪你的。毕竟，你现在的首要任务是学习，次要任务是休息。"文文依然很坚持，说道："妈妈，别人学习累了，就以玩耍的方式休息。我学习累了，可以弹古筝休息，这样就两不耽误了。"一直以来，不管妈妈怎样劝说文文，文文都从不动摇。

在经过一年多的学习后，文文在学校的运动会开幕式上表演了古筝，赢得了老师和同学们的一致好评。得知文文在古筝方面进步很大，表演出色，妈妈由衷地赞美文文："文文，幸好你一直坚持，才能成为大家心目中的古筝才女！"终于得到妈妈的认可，文文如释重负地说道："妈妈，我每时每刻都担心你会强制要求我停止学习古筝。现在可好了，你看到我的坚持和努力，再也不会禁止我学习古筝了吧。"妈妈不

第六章 共鸣与共情，接纳孩子才能引导孩子

好意思地笑了，说："其实，我早就被你的坚持感动啦！加油，古筝小美女！"

在这个案例中，对于文文想在百忙的学习中抽空学习古筝这件事情，妈妈无疑是担心的。她担心文文不能坚持，担心文文因此影响学习。事实证明，兴趣是最好的老师。虽然妈妈一直试图劝说文文放弃学习古筝，但是文文依然坚持了下来。在得到妈妈的认可和鼓励后，相信文文一定会更加充满力量，全力以赴地学习。

明智的父母不会始终打击和否定孩子，尤其是当孩子兴致勃勃地想要做某件事情时，只要确定事情的结果是可以承受的，父母哪怕明知道结果不会尽如人意，也要大力支持孩子。俗话说，不撞南墙不回头，青春期孩子正是如此。

有网友吐槽，自从小时候被爸爸断言五音不全，他再也不敢当众唱歌。实际上，他感情细腻，很喜欢通过歌声表达心情，也因此五音不全成为他的心结和遗憾。直到若干年后，他在公司进行团建时被罚唱歌，得到了同事们的一致好评，他才意识到自己非但不是五音不全，而且唱歌很好听呢。可见，父母一句无心的否定，就会在孩子心中留下难以磨灭的痕迹。父母对孩子的伤害往往会持续孩子的一生，正因如此，人们才说幸福的童年治愈一生，不幸的童年却要用一生来治愈。

小贴士

面对孩子的成长，作为父母一定要慷慨真诚地肯定孩子、赞美孩子，这样孩子才会有充足的信心，在最美的年华里绚烂地绽放。

换位思考，让孩子不再叛逆

前几年，在武汉的一所中学里，发生了一件令人痛心的事情。一名初中生因为在晚餐后的休息时间，和几名同学一起在教室里玩扑克，违反了学校的规定，所以被老师打电话告知妈妈。得到消息，妈妈怒气冲冲地赶到学校，在教室外面的走廊里，对着比自己还高一头的孩子又是责怪辱骂，又是动手掐脖子。在妈妈发泄愤怒期间，孩子始终低垂着头，没有进行任何辩解和反抗。妈妈也许误认为男孩认识到了自身的错误，因而在批评男孩一通之后转身朝着走廊的尽头走去。结果，不等她走到走廊尽头拐弯的地方，男孩就从站立的地方翻越走廊的护栏，一跃而下。他所在的楼层是五层，很高，他的生命就这样陨落。

更早几年，在上海的卢浦大桥上，即使到了深夜，车流量也很大，汽车闪烁着灯光在桥面上川流不息。一辆汽车突然停在桥面的车道上，令人忍不住担忧这辆车上发生了什么事情，又是否会因为停在川流不息的车道上而发生车祸。很快，妈妈从驾驶员的座位上走下来，拉开后座的车门，对着坐在后排正在读高中的儿子说了些什么。片刻之后，妈妈回到驾驶座上做好，但是没有及时启动汽车。汽车依然停在车道上，令妈妈猝不及防的是，后座上的男孩猛地拉开车门，不顾危险地横向穿越车流。妈妈惊慌地跟在男孩身后追赶，眼睁睁地看着男孩翻过大桥的护栏，一跃而下。就在男孩即将坠落的那一刻，妈妈的指尖仿佛已经触碰到男孩的衣摆，但是她没有来得及抓住男孩。男孩坠入桥下湍急的河流中，失去了宝贵的生命。

这两起青少年自杀事件引起了社会的广泛关注。作为局外人，我们无从了解事情的真相，可想而知的是这两个孩子都特别愤怒，特别冲动，甚至无暇仔细思考死亡是什么，死亡又会引起怎样的后果，就以这样毅然决然的方式离开了美好的世界。如果父母能考虑到青春期孩子情绪冲动易怒，也很容易因为一些事情而走极端，那么就会设身处地为孩子着想，也改变方式与孩子沟通和相处。可惜世界上从来没有卖后悔药的，很多事情一旦发生就再也无法挽回。

如果说在第一个案例中，妈妈在教室外面的走廊上，几乎相当于当着所有老师和同学的面严厉责罚男孩，让男孩丢了面子，那么在第二个案例中，则没有人知道妈妈究竟和孩子说了什么，才会让孩子失去控制。其实，当妈妈冲动地把汽车停在桥面上的车流中时，可想而知妈妈也必然是冲动的，处于失控的边缘，甚至有可能已经失控。妈妈的情绪会影响孩子，妈妈把自己和孩子置于危险的境地，也会给孩子传递负面的讯号，让孩子感受到妈妈的不计后果和不顾一切。**在家庭教育中，父母的言传身教对孩子的影响是很大的，所以要想让孩子保持冷静和理智，父母首先要保持良好的心态，切勿因为冲动而失去思考的能力。**

每时每刻，父母要始终牢记青春期孩子终究还是孩子，而非成年人。因为对于孩子的所作所为，父母都要给予理解和包容。哪怕孩子犯了严重的错误，父母也要牢记"子不教，父之过"，从而反思自己对于孩子的教育是否有所欠缺，又是否起到了良好的效果。对于那些并不会引起严重后果的事情，与其声色俱厉地批评孩子，或者采取非常手段惩罚孩子，不如顺其自然地让孩子承受自然后果，接受自然后果的惩罚，从而主动思考自己如何避免再犯同样的错误。对于孩子而言，犯错是重要的成长方式，从不犯错的孩子是很难成长起来的。

针对青春期孩子自尊心强的特点，父母不要冲动地辱骂或者责罚孩子，更不要口无遮拦地用语言的尖刀刺伤孩子。有些孩子屡教不改，父母的确需要采取更有效的措施帮助孩子长记性。有些孩子不需要父母严厉批评，就会主动反思自己的错误，也会积极地承担责任。对于这样的孩子，要信奉一句俗话——响鼓不用重锤，只要点到为止地教育即可。

青春期孩子的自尊甚至比成年人的自尊更加强烈，又因为他们缺乏人生经验，把面子看得特别重要，也缺乏承受挫折和打击的能力，内心其实非常脆弱，所以常常因为自尊心受到伤害而愤怒、冲动，无地自容。在这些负面情绪的影响下，孩子很容易做出过激的举动。有的时候，哪怕能够暂停冲突一分钟，孩子就有可能改变极端的想法，避免做出极端的行为。因而，作为亲子关系的主导者，父母一定要始终保持理性，也在必要的时候按下情绪的暂停键，让自己和孩子都有充足的时间恢复冷静和理智。例如，和孩子暂时分开，给彼此单独相处的时间，这种方法行之有效，是值得提倡的。再如，当与孩子产生意见分歧的时候，不要急于否定孩子，更不要急于说服孩子。最好的方法，是把事实摆在孩子的面前，这样孩子自然会改变错误的想法，从谏如流。此外，父母还要站在孩子的角度上思考问题，这样就能理解孩子的想法，也能包容孩子的做法，可谓一举两得。

第六章
共鸣与共情,接纳孩子才能引导孩子

> **小贴士**
>
> 总之,父母与青春期孩子的相处并不是始终和谐的,父母要学会面对与孩子的矛盾、冲突和分歧,才能始终与孩子维持良好的亲子关系,以保障家庭教育顺利开展。

引导宣泄，让孩子不再愤怒

很多父母对任性霸道、撒泼打滚的孩子无计可施。面对孩子这样的行为，很多父母只能采取武力措施，对孩子以暴制暴。这种方法尽管简单粗暴，但是立竿见影，因而深得父母的喜爱。渐渐地，有些父母养成了不好的习惯，只要看到孩子哭泣或者胡搅蛮缠，马上就会对孩子施展暴力。在孩子小的时候，他们与父母的力量相差悬殊，父母采取这样的强制手段驯服孩子尚且有效。随着孩子渐渐长大，进入青春期，他们在身形上接近父母，甚至长得比父母更加高大，因而在力量上也超过父母，父母再采取暴力手段驯服孩子显然不适合，否则很有可能被孩子反抗，陷入自找难堪的尴尬境地。

毫无疑问，父母不该恃强凌弱欺负幼小的孩子，否则就会让孩子感到压抑，导致负面情绪淤积于心，引起心理问题。 即便青春期的孩子已经长大，具有足够的力量与父母抗衡，父母也不应该与孩子发生冲突。一则，父母与孩子实力相当，一旦扭打起来，父母未必是孩子的对手，而极少有父母能够接受自己被孩子制服的现实；二则，父母即便能够在气势上压制住孩子，也不利于营造民主和谐的家庭氛围。

心理学家提出，孩子并非因为自己变得足够强大才会对父母发脾气。仅从表面看来，他们是在以发脾气的方式向父母施加压力，实际上，他们是不知道如何消除内心的负面情绪，不知道如何缓解无法承受的压力，所以才会以发怒的方式求助于父母。**为此，父母要读懂孩子的语言，切勿因为孩子发怒对孩子以牙还牙，而是要看到孩子隐藏在愤怒情绪后面的无助**。和成年人相比，孩子处理情绪的能力还不足，因此他们一旦被负面情绪困扰，除了求助于父母外，就只能默默地承受。从父母的角度来说，不要因为孩子发怒而责怪孩子，而是要意识到这是孩子在毫无保留地袒露情绪，所以父母要引起足够的重视，也要当即给予孩子帮助。如果父母总是用暴力回击孩子的求助，那么孩子就只能默默地承受负面情绪和强大的压力。如果孩子在家里都不能表现出真实的自己，那么他们就只能彻底地伪装自己，再也不敢表现出真心。

作为父母，只满足孩子吃喝拉撒的生理需求是远远不够的，最重要的是看到孩子的情绪状态和心理需求。心理学家提出，愤怒是上古情绪，是完全正常的情绪。所以，父母切勿因为看到孩子发怒，就马上以愤怒回击孩子。**父母要允许孩子愤怒，因为孩子需要以某种方式宣泄负面情绪。特别是孩子发脾气的时候，也正是他们内心最脆弱的时候，父母要顺势而为，走进孩子的内心世界，了解孩子为何发脾气。唯有发现根源性原因，父母才能有的放矢地帮助孩子解开心结，疏解情绪，回归理性。**

那么，孩子为何不能主动向父母求助呢？青春期孩子自尊心很强，不想在父母面前表现出脆弱无助的一面，反而迫不及待地想向父母证实他们已经有能力独自处理好很多问题了。为此，他们哪怕急需得到父母的帮助，也会选择沉默地承受负面情绪和压力，而绝不会主动示弱。面对矛盾的青春期孩子，父母要认真细致地观察孩子的行为表现，从而发现孩子的异常，也及时给予孩子有效的帮助和引导。

鹏鹏正在读高一。初入高一，他有些不太适应高中阶段紧张忙碌的学习生活，常常对妈妈说太累了，太困了，太苦了。这天，妈妈知道学校里正在举办运动会，因而在中午时分打电话给鹏鹏："鹏鹏，今天开心吗？"不想，鹏鹏情绪激动地说："妈妈，你帮我跟班主任请假，我今晚要回家。"妈妈不解地问："为什么？"鹏鹏说："明天，只有上午是运动会，中午就放假了。我又不是运动员，要是今晚就请假回家，明天也不用来学校参加运动会，再连着周日休息，那就可以连休两天了。"妈妈反问道："老师允许请假吗？"鹏鹏说："应该可以吧，这又不耽误上课。"

傍晚时分，鹏鹏情绪激动地打电话给妈妈，说道："老师不让请假，说除非拿着医院的挂号条。我就不明白了，难道非得我们倒下了才给请假吗？我们又没有运动项目……"鹏鹏激动地吐槽，妈妈一直在耐心地倾听。等到鹏鹏终于不再说话，妈妈才温和地说："鹏鹏，参加运动会本来是一件值得开心的事情，你今天不是还见到另外一个校区的初中老同学了吗？"鹏鹏委屈地哭起来，说："是的，本来白天还挺开心的，但是我现在很生气。"妈妈又说："你知道学校为什么不允许你们请假吗？"鹏鹏不假思索地抱怨道："学校就是想把我们累死。"妈妈安抚道："鹏鹏，如果你真的很累，不能坚持，我可以在运动会结束后帮你请两三天假在家休息，我负责跟老师请假。"鹏鹏带着哭腔说："平时学习任务那么紧，不能请假。我想请假，是因为运动会不上课，不耽误学习。"妈妈表扬鹏鹏说："嗯，乖孩子，这么累还坚持不耽误学习，给你点赞。不过，换个角度来想，运动会是学校举办的一个大活动，学校当然希望全员参加。另外，如果你是运动员，赛场上只有你在孤独地奔跑，压根儿没有观众为你喝彩，你愿意吗？其实，运动会中，不仅运动员重要，观众和啦啦队也很重要。妈妈建议你留下来参加运动会，如果太累了，就等运动会结束后妈妈再帮你请假。"在妈妈的一番安抚下，鹏鹏认识到学校为何严禁同学们在运动会请假，也认识到运动会的重要性。后来，运动会结束了，鹏鹏再也没提要请假的事情。

在这个案例中,鹏鹏显然犯了从主观角度出发思考问题的错误,所以想借着运动会不耽误学习的机会请假回家休息。妈妈先是倾听鹏鹏的哭诉,引导鹏鹏发泄内心的负面情绪,继而引导鹏鹏思考学校大动干戈举办运动会的意义,也让鹏鹏与运动员换位思考,从而理解运动员无人喝彩的落寞。由此,鹏鹏才能解开心中的疙瘩,开开心心地继续参加运动会。

每个人都会因为各种原因感到愤怒,面对愤怒的孩子,父母切勿指责或者批评孩子,而是要走入孩子的内心世界,了解孩子究竟因为什么事情愤怒,这样才能有效地帮助孩子消除愤怒,恢复平静的情绪。有心理学家提出,孩子发脾气完全是正常行为,他们之所以因为发脾气或者发泄愤怒而受到伤害,恰恰是因为诸如父母等成年人会不合时宜地禁止他们发泄负面情绪。

小贴士

面对孩子的情绪问题,父母要坚持宜疏不宜堵的原则,引导孩子宣泄情绪,这样才能减少负面情绪对孩子的伤害。

坚持原则，让孩子不再耍赖

细心的父母会发现，青春期孩子非但不再对父母言听计从，而且会使用各种计谋，与父母斗智斗勇。他们尽管不再像小时候那样动辄撒泼打滚，却也学会了用威胁的方式让父母妥协，用商讨的方式让父母让步，用以退为进的方式达到自己想要的结果。在与孩子博弈的过程中，父母一定要坚持原则，坚持底线，这样才能避免孩子耍赖或者得寸进尺。

从心理学的角度来说，孩子之所以耍赖，或者试图得寸进尺，让父母满足他们更多的要求，恰恰是因为父母没有及时回应孩子，也没有满足孩子的需求。俗话说，知子莫若母，知子莫若父。作为父母，理应熟悉和了解孩子，也就知道应该以怎样的方式应对孩子的无理要求。其实，很多孩子之所以会要挟父母，恰恰是因为父母以相似的方式对待过他们，或者是父母曾经被他们成功要挟。养育孩子，绝非满足孩子的吃喝拉撒等生理要求那么简单，更多的时候，父母要关注孩子的情绪和心理，也要跟紧孩子成长的脚步，与时俱进地改变教育方式和教育方法。

当然，父母要挟孩子的方式与孩子要挟父母的方式是不同的。孩子要挟父母，顶多躺在地上打滚，撒泼耍赖。父母要挟孩子，或者对孩子横眉冷对，或者对孩子威胁恐吓，或者对孩子强词夺理，或者对孩子拳脚相加。总之，很

第六章
共鸣与共情，接纳孩子才能引导孩子

少有父母能够真正做到尊重和平等对待孩子，大多数父母只许州官放火，不许百姓点灯，常常对自己宽松以待，对孩子严格要求。因为需要依靠父母才能生存，自身的力量与父母的力量相差悬殊，所以很多孩子哪怕心中愤愤不平，也只能忍气吞声地接受父母不合理的要求。长此以往，孩子学会了以升级版的耍赖方式应对父母。

当发现青春期孩子还以各种方式耍赖时，父母往往会采取漠视的态度，故意不给孩子回应，也不满足孩子的诉求和需要。这种冷漠会伤害孩子对父母的感情，也会让孩子不再信任父母。**因而，面对孩子耍赖，父母要做的不是漠视或者无视，而是要看到孩子的表现，积极地回应孩子的诉求。**这并不意味着父母要无限度地满足孩子的需求，也并不意味着父母要纵容孩子的无理要求，而是要切实告诉孩子："我看到了你的需求，我很理解你有这样的需求，也的确想要满足你的需求。但是，很遗憾，我能力有限，无法满足你的需求。"此外，父母还可以告诉孩子："对不起，你提出的要求超出了我们家庭经济实力允许的范围，所以你可能需要好好学习，将来靠自己实现更美好的生活了。"

进入青春期，很多孩子并没有像父母所期待的那样更加听话懂事。相反，他们变得叛逆，不愿意服从父母的指令；他们开始与同学攀比，当看到同学拥有昂贵的电子产品时，他们也想要拥有同样的新款手机、平板甚至是电脑。总之，他们接触的人越来越多，他们的欲望也越来越多。为了逼迫父母满足他们的要求，他们甚至以好好学习为条件。面对这样无理的要求或者耍赖行为，父母一定要严词拒绝，告诉孩子："学习，是为了你自己，如果你愿意以自己的前途为代价，那么你可以故意不好好学习。但是，即便如此，我依然没有能力为你购买最新款的手机，那也不是你的学习必需品。"在说这番话的时

候，父母无须声色俱厉，或者批评孩子，而是要温柔坚定地表明自己的立场和态度，这样孩子就会知道父母是平静理智的，并不存在冲动过后改变想法的任何可能性。和总是拖延回应孩子，或者故意无视孩子的需求相比，这样温柔坚定的回应才是最好的回应，既能表明父母的态度，又能第一时间告诉孩子打消不切实际的想法，与此同时还表现出对孩子的尊重与理解，可谓一举数得，面面俱到。

面对孩子的不合理请求，父母切勿气急败坏。**当父母以尊重的态度坚定地拒绝孩子，孩子尽管会感到失望甚至是失落，但是他们的情绪却能保持相对平和。**反之，如果父母勃然大怒，严厉训斥孩子，那么孩子就很可能因为父母的态度而误解父母并不爱自己，这显然会使孩子对父母失去信心，也因此失去安全感。父母既要做到拒绝孩子，也要以良好的态度让孩子坚信父母是爱他们的，这种爱一如既往，不会因为任何事情而改变，这正是孩子安全感的来源。

当与孩子发生分歧或者产生矛盾时，父母最好不要威胁孩子。父母的身教对孩子的影响巨大且深远，当父母以积极正向的方式与孩子沟通，协商解决问题，那么孩子也会模仿父母的样子面对各种事情。父母需要注意的是，一旦坚定立场，表明态度，切勿轻易改变。很多孩子之所以喜欢要赖，或者要挟父母，恰恰是因为他们有过成功的先例。面对孩子的伤心、哭泣等行为，父母在坚定温柔地表明态度，拒绝孩子之后，一定要及时离开孩子的身边，而切勿留在孩子身边当孩子的观众。当孩子真正感受到父母的态度既坚决又严肃，意识到父母不可能因为他们做出某种行为就轻易妥协，那么他们就不会再继续想出招数要挟父母。

小贴士

在达到拒绝孩子的目的之后,等到孩子情绪平复,父母无须再给孩子施加压力,而是要安抚孩子,感谢孩子对父母的理解,也表达自己对孩子的宽容。这样才能继续维持良好的亲子关系,为家庭教育夯实基础。

07 第七章

坚定与平和，
消除孩子成长中的困惑

Communication Psychology

犯错误，是成长的重要方式

每当看到孩子犯错误，父母就会忍不住发火，有些父母公然吐槽孩子把家里变得如同灾难现场一样，令人崩溃。对于年幼的孩子而言，他们的确不懂得要把用过的物品归还到原来的位置上，但是对于青春期孩子而言，只要父母引导孩子养成良好的卫生习惯，孩子是可以做到保持家里干净整洁的。仅从这一点上来看，孩子的很多表现与父母密切相关。父母尽管不能禁止孩子犯错，但是可以帮助孩子养成良好的行为习惯，减少犯错。**当孩子犯错，父母要端正心态去对待，因为犯错正是孩子成长的重要方式之一。**

新生命呱呱坠地，除了用哭泣的方式向父母传递讯号外，只能被动地等待父母靠着猜测满足他们的需求。在这个阶段，孩子各方面的能力太弱，是没有机会犯错的。随着孩子渐渐成长，到了一岁前后，孩子学会爬行、走路，也萌生了自我意识，就开始了接二连三的犯错成长过程。每当孩子犯错，如果父母总是责备、批评孩子，甚至严厉地惩罚孩子，那么孩子就会感到恐惧，也会由此形成条件反射，只要犯错，第一时间就想用撒谎、逃避等方式保护自己。在父母严苛的管教之下，孩子越来越胆怯，畏畏缩缩，失去了尝试的勇气和创新的能力。有些孩子还撒谎成性，喜欢逃避责任，这其实是父母过于严格对待孩子产生的负面影响。**作为父母，只有容忍孩子犯错，引导孩子从错误中吸取**

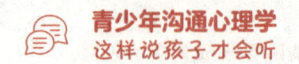

<u>教训，孩子才能踩着错误的阶梯成长；只有理解孩子犯错，不因为孩子犯错而责罚孩子，孩子才能变得勇敢，变得敢于承担责任。</u>

很多情况下，孩子并非屡教不改，故意犯错，更不是为了惹父母生气才肆无忌惮地犯错。他们只是还不具备相应的知识水平，也没有掌握相应的技术能力。简而言之，大多数孩子是因为自身的成长处于相应的水平，所以才会犯下与之相应的错误。例如，年幼的孩子拥有秩序感，但是他们的秩序感并不符合成人眼中干净整齐的标准，为此他们认为的秩序就是父母眼中的凌乱。再如，一岁多的孩子还没有形成物权意识，他们想要占有某个东西的理由很简单，那就是他们想要某个东西。为此，他们才会抢夺其他小朋友的玩具，试图据为己有。

在漫长的成长过程中，在不同的成长阶段，孩子会犯不同的错误。进入青春期，孩子的性意识开始觉醒，对于异性从漠不关心到产生好奇，从疏远到亲近，从敬而远之到异性相吸。这使得很多青春期孩子开始了懵懂的早恋。有些父母把早恋视为洪水猛兽，甚至简单粗暴地认定早恋的孩子品质恶劣。其实，早恋与品质无关，是孩子在青春期的自然情感需求。即便成年人也不可能保证自己绝不犯错。这是因为即使作为成年人，也未必是无所不知无所不能的，在自身的知识范围和能力范围之外，成年人也会因为知识储备不足、能力有限而犯错。面对这样的错误，最重要的是从不良行为中吸取教训，避免再次犯同样的错误。与此同时，父母还可以有意识地学习相关的知识和技能，提升相应的能力。

<u>当孩子犯错，父母与其声色俱厉地指责孩子，不如理解和宽容孩子</u>。原本，犯错误就是孩子的重要成长方式，也是孩子不应被剥夺的重要成长权利。作为父母，一旦先入为主地谴责孩子出于主观故意犯错误，就会勃然大怒，只顾着向孩子发泄负面情绪。父母要改变主观的态度和想法，客观认识到孩子并

非故意犯错，也分析孩子的错误产生的根源和导致的结果，才能做到心平气和地帮助孩子改正错误。

小贴士

　　心理学家提出，当一个人情绪不好时，他很难接受外界的各种信息，更无法采纳他人提出的合理意见。为此，在孩子因为犯错而惊慌、恐惧或者懊丧时，父母不要急于告诉孩子如何做才是正确的，而是要安抚孩子的情绪，帮助孩子恢复平静。只有在平静的状态下，孩子才能理性地思考，深刻地反思，也才能把父母的话听到心里去。

谁说孩子有泪不轻弹

每当看到孩子哭泣，很多父母都会感到厌烦，恨不得当即让孩子停止哭泣，让整个世界都恢复清静。然而，父母没有权利禁止孩子哭泣，因为哭泣和微笑一样是孩子的权利。哭，对孩子很重要。新生命从降临人世那一刻开始，只能以哭泣的方式表达自己的各种需求，诸如饿了、尿了、冷了、热了等。对于新手父母而言，当务之急就是学会解读孩子的哭声，也据此知道和满足孩子的需求。

不否认的是，孩子哭泣的确会刺激父母的大脑，影响父母的情绪。当孩子长时间哭泣，父母就会血压升高，心跳加速，还有可能心烦意乱，紧张不安。尤其是对于那些本身就有很多负面情绪的父母而言，孩子的哭泣更是一种煎熬和折磨。为此，他们会大声呵斥孩子停止哭泣。其实，父母之所以出现这么多糟糕的症状，根源不在于孩子哭泣，而在于父母本身的情绪状态不好。为了从根本上解决问题，父母要学会调节自己的情绪状态，始终保持良好的心境，这样才能承受住孩子哭泣带来的刺激和压力。

针对大多数父母不喜欢孩子哭泣这种现象，德国著名的教育专家麦克进行了研究。研究结果证实，父母并不认为孩子哭泣是一种麻烦，而是认为孩子哭泣证明他们做得不够好，因而使他们忍不住开始质疑自己对孩子的照顾是否周到，有没有满足孩子在各个方面的需求等。为此，孩子的哭声仿佛变成了一个信号，只要听到孩子的哭声，父母就会认为自己有麻烦了。显而易见，没有人喜欢被麻烦缠身，更没有人喜欢无助的感觉。

然而，在漫长的成长过程中，孩子总会有烦恼、委屈、伤心和失望，所以孩子不可能总是喜上眉梢。作为父母，固然要欣赏孩子的笑靥如花，也要欣赏孩子的泪如雨下。如果说笑容是锦上添花，那么哭泣就是给心灵减压。父母要学会与孩子分享喜悦，更要学会与孩子分担痛苦。**要想当合格的父母，能逗得孩子哈哈大笑固然是一种成功，能让孩子释放心中的负面情绪，酣畅淋漓地哭泣，是更大的成功。**

从心理学的角度来说，总是迫不及待让孩子停止哭泣的父母一定是焦虑的，因为他们没有足够强大的内心接纳孩子的哭泣，也不想面对孩子最真实的状态。为此，他们会想方设法哄孩子开心，让孩子泡在蜜罐中长大，很少有机会遭受打击或者承受挫折。长此以往，孩子如同温室里的花朵，既不能被风吹，也不能被雨打。实际上，对于孩子而言，哭泣是接纳自己的一种方式。孩子在哭泣之后将会认清楚一个现实，即自己并非无所不能。从这个意义上来说，面对哭泣的孩子，父母最该做的不是安抚孩子，哄孩子破涕为笑，而是要耐心等待孩子停止哭泣，然后耐心引导孩子。

刘丹已经读高二了，还是个爱哭的小姑娘。有一天，她在学校里和好朋友吵了起来，结果谁也不理谁。回到家里，刘丹默默地掉眼泪，妈妈一言不发，坐在刘丹身边，伸出一只胳膊揽着刘丹的肩膀，陪伴着刘丹。等到刘丹终于不再哭泣，妈妈这才问道："丹丹，今天有什么不开心的事情吗？"刘丹把事情的原委讲述给妈妈听，妈妈说道："其实，这件事情你和你的好朋友都有责任，所以谁也不要怪谁。朋友之间相处就是要理解包容，否则怎么可能友谊长存呢？你觉得呢？"

刘丹没有回答妈妈的问题，反而对妈妈说道："妈妈，谢谢你允许我哭泣。"妈妈惊讶地看着刘丹，问道："难道还有妈妈不允许孩子哭泣的？"刘丹点点头，说："我的好朋友在家里从来不敢哭，因为她一哭，妈妈就很烦，就会批评她，说她是个爱哭鬼。"妈妈忍不住皱起眉头，说道："每个人都有权利哭泣啊，没有人能剥夺他人哭泣的权利，就算是父母对孩子也不行。其实，我遇到伤心的事情时也会哭泣。如果暂时没有办法处理好问题，又很想哭，那么不妨先把难题放在一边，哭一哭帮助自己宣泄压力。上次，我和爸爸吵架，就哭了很长时间，哭完觉得舒服多了。"刘丹听到妈妈这么说，忍不住说道："妈妈，以后你哭的时候，我也陪着你。但是，你可不要再跟爸爸吵架了。"妈妈也对刘丹说："你的好朋友真可怜，在家都不能哭。你要宽容地对待她，好吗？"刘丹默默地点点头。

青春期孩子的心思敏感，感情细腻，所以常常因为一些事情而出现情绪波动，也会落泪。尤其是在面对那些无能为力的事情时，他们更是会质疑自己的能力，对自己感到失望，因而哭泣。在陪伴青春期孩子成长的过程中，父母要认识到孩子正是以哭泣的方式进行自我修复的，所以要耐心地等待孩子停止哭泣，而不要急躁地催促孩子停止哭泣。如果孩子停止哭泣之后情绪依然起伏不定，那么父母还要继续等待，直到孩子恢复平静，父母再与孩子进行沟通。

哭泣，从来不是软弱无能的表现。孩子在哭泣的时候内心最柔软、最脆弱，也最需要父母的安慰。**父母无须急于问清楚孩子为何哭泣，只要始终牢记哭泣的孩子很无助、很委屈，需要马上得到安慰即可。**对于年幼的孩子，父母可以帮助孩子转移注意力，让孩子自然而然地停止哭泣。对于青春期的孩子，父母则要引导孩子勇敢地面对事实，也要教会孩子如何改正错误或者弥补过错。只有得到切实有效的帮助，孩子的情绪才会有所好转，孩子也才会积极地解决问题，勇敢地面对问题。

> **小贴士**
>
> 谁说孩子有泪不轻弹，事实证明，会哭的孩子比会笑的孩子情绪更加健康，因为他们敢于表现真实的内心，也敢于呈现真实的情绪和情感状态。

不催促孩子，让孩子慢慢来

对于青春期孩子的磨蹭、拖延，很多父母简直忍无可忍。他们怒气冲天、紧张焦虑、惶恐不安，只能一连声地催促孩子，借此安慰自己忐忑的心。但是，偏偏父母越是催促，孩子越是拖延。当忍耐到达极限的那一刻，父母只得大声呵斥孩子，甚至开始推搡孩子。由此，一场家庭大战一触即发。

心理学领域的超限效应告诉我们，父母越是催促孩子，孩子越是磨蹭拖延。 有些孩子逆反心理很强，面对父母不停歇的催促，他们还会故意消磨时间，就是不愿意在规定时间内完成相关的任务。也有些孩子仿佛在耳朵上安装了自动过滤器，总是能过滤掉父母的催促。更有些孩子对催促产生了免疫力，通过倾听父母的催促，判断自己还有多少时间可以磨蹭。长此以往，喜欢催促的父母和拖延成性的孩子之间达成了默契。父母不催，孩子纹丝不动；父母小催，孩子只是心动，依然没有行动；父母大催，孩子知道自己还有短暂的时间可以磨蹭；父母勃然大怒，歇斯底里，孩子这才慢慢吞吞开始行动。

有些父母虽然知道父母越是催促，孩子越是拖延，但是他们时间紧迫，没有那么多时间陪伴孩子慢慢吞吞地成长，因而只能无休止地催促孩子。早晨，父母催促孩子起床、洗脸、刷牙、吃饭；晚上，父母催促孩子完成作业、早点睡觉；周末，父母催促孩子快点儿出门去上兴趣班。当孩子从小就习惯于

第七章
坚定与平和，消除孩子成长中的困惑

快乐地活在父母的催促里，他们就无法形成自身的内在秩序，也无法形成生活和学习的节奏感。越是焦虑的父母越是频繁地催促孩子，他们自身习惯了紧张的生活节奏，所以哪怕是在家庭生活中也无法放松，依然保持着紧张的节奏。无形中，他们就想要求孩子与他们合拍。殊不知，孩子的心理节奏原本就比父母慢很多。有人说，养育孩子就像牵着蜗牛去散步，这样的比喻是很形象生动的。<u>由此可见，父母要放慢节奏，放缓脚步，这样才能让孩子遵循成长规律，慢慢地长大。</u>

父母和孩子就像是两个走路速度不同的人，父母走得快，孩子走得慢。要想让孩子加快脚步，跟上父母，显然是在为难孩子。作为父母，理应放缓脚步，陪伴在孩子的身边。当父母长年累月地催促孩子，孩子就会认同父母的节奏，使自己也和父母一样陷入焦虑的状态中。这并不意味着他们会加快速度，让父母满意，相反，他们会继续拖延，并且对父母产生不满。作为父母，与其早晨多睡半小时，不如早起半小时，从容地给孩子准备早餐，也从容地和家人一起吃早餐。否则，在紧张忙碌的早晨，全家人都会因为催促而打乱节奏，甚至影响一整天的生活。

在父母的催促下，年幼的孩子也许会有意识地加快速度，但是青春期的孩子则特别反感父母的催促，还有可能出于逆反心理，故意放慢动作，拖延时间。这是因为从本质上来说，催促是一种试图控制孩子的行为，而青春期孩子最渴望得到的就是自由。正是因为如此，父母越是催促孩子，孩子越是慢慢腾腾。<u>为了应对这样的情况，父母不妨放下迟到的焦虑，任由孩子以慢动作做各种事情。在这种情况下，没有人再替孩子操心迟到的事情，孩子自己就会害怕迟到，加快动作。</u>

由此可见，从催促到不催促，父母首先要有强大的内心，要随着孩子的

成长，适度对孩子放手，让孩子对自己的学习和生活负起责任来。不可否认的是，在父母放手初期，孩子的确有可能手忙脚乱，把很多事情搞得一团乱麻，没有头绪。但是，孩子不会始终这样。随着锻炼的次数越来越多，孩子会找到做事情的方法，也会形成自己的固定模式，最终处理好很多力所能及的事情。如此，孩子不但戒掉了拖延的坏习惯，还提升了各个方面的能力。在此过程中，哪怕孩子会犯错，父母也不要提醒孩子改正错误，而是要让孩子承担自然后果。这样孩子才会积极地反思，主动地改进。

为了避免催促孩子，父母不要用成年人的视角衡量孩子做事情的节奏。如果以自身的身心发展水平为依据，孩子做事情的速度并不慢。如果以成年人的标准去判断，则父母一定会认为孩子太慢。所以，有一种慢，叫爸爸妈妈觉得孩子很慢。

周日下午三点，乐乐该返校了。虽然妈妈提前十分钟就提醒乐乐换衣服，收拾书包，准备出发，但是乐乐始终纹丝不动地坐在电脑前，聚精会神地盯着游戏页面。妈妈催促了两次，乐乐明显变得有些不耐烦。这个时候，妈妈决定不再催促，而是任由乐乐决定出发的时间。就这样，妈妈专注地做自己的事情，丝毫不担心乐乐是否会迟到。大概二十多分钟过去，已经三点二十分钟了，乐乐明显着急起来。他一边手忙脚乱地换衣服，一边让妈妈帮他打车去学校。妈妈只是帮助乐乐打车，没有帮助乐乐收拾书包。看着乐乐拎着书包快速飞奔下楼，妈妈暗自笑了。

然而，周末打车并不容易。乐乐虽然狂奔到小区门口，但是妈妈还没有打到车呢。他在小区门口等了足足十分钟，几次三番打电话催促妈妈，妈妈才终于打到车。平日里，乐乐到学校门口下车都会给妈妈打电话，这次他却没有打电话，妈妈知道他一定又飞奔去教室了。果不其然，乐乐迟到了五分钟，受到了老师的批评。对此，妈妈没有发表任何评论。到了下个周日，乐乐提前收拾东西，整理书包，三点钟准时出门，再也不需要妈妈催促了。

实际上，很多父母越俎代庖了。**担心迟到，本该是孩子的事情，偏偏父母不停地催促孩子，生怕孩子迟到。**结果，孩子虽然没有迟到，但是父母磨破了嘴皮子，也招致孩子讨厌。明智的父母知道，哪怕让孩子迟到一次，也不能总是催促孩子，因为父母催促孩子越频繁，孩子越是磨蹭，迟到的可能性就越大。和被父母催促相比，孩子承受自然结果的惩罚效果更好，这将会使他们切身感受到因为迟到被老师批评的尴尬。

父母与其催促孩子，不如提醒孩子。因为和催促相比，提醒更有助于唤醒孩子的自我意识，也有助于督促孩子坚持自我管理。需要注意的是，在提醒孩子的时候，父母要言简意赅，告诉孩子正确的做法，以免长篇大论使孩子不够重视，或者引起孩子反感。

小贴士

总之，在非必要的情况下，父母最好不要催促孩子。孩子的成长是缓慢的、循序渐进的过程，相信只要父母愿意给孩子充分的时间，也愿意耐心地等待孩子成长，孩子最终会表现得更好。

人无完人，接纳孩子的不完美

当得知新生命的存在，准父母一定都欣喜若狂，对新生命的降临满怀憧憬。在孕育新生命期间，准父母最大的愿望就是希望新生命健康茁壮地成长。随着新生命降临人世，父母最大的愿望有了改变，他们希望孩子平安无虞、开心快乐。然而，从孩子进入学龄阶段，父母的愿望有了彻底的改变。他们望子成龙，望女成凤，恨不得让孩子当即成为人中龙凤，出类拔萃。遗憾的是，孩子的成长不会因为父母的愿望就变得一帆风顺。大多数孩子只是普通而又平凡的人，并不像父母所期待的那样与众不同。对于父母而言，他们对孩子怀有热切的期望，却不得不接受残酷的现实。**正因如此，有人说父母所面临的最大挑战，就是接受孩子的普通与平凡。**的确如此。让父母降低对孩子的过高期望，这很难。让父母接纳孩子的不完美，这更是难上加难。

其实，孩子从来不像父母一厢情愿的那样完美无瑕。每个孩子都有缺点和不足，正因如此，他们才显得更加真实。他们贪玩心重，想要尽快完成作业以腾出时间玩耍；他们可爱又爱耍"小聪明"，常常和父母斗智斗勇，以为自己争取到更多利益，或者避免自己受到惩罚；他们不想上那么多兴趣班，他们也不想那么辛苦地学习。偏偏父母对孩子怀有无数个期望，父母希望孩子学习好，品德高尚；希望孩子德智体美劳全面发展，智商高，情商也高；希望孩

第七章
坚定与平和，消除孩子成长中的困惑

子懂礼貌，感恩父母，小小年纪就能自理，也能自立；他们希望孩子既擅长唱歌，也擅长绘画，还具有超强的体力从事各种户外活动……在父母的心目中，自己家的孩子理应成为和氏璧，完美无瑕。为此，他们按照自己的理想塑造孩子，也坚信孩子终究会成长为他们所期待的样子。直到有一天，孩子不管怎么努力，都无法让父母满意，为此父母对孩子的评价急转直下，从认为孩子天赋异禀、卓尔不凡，到认定孩子朽木不可雕，注定平平无奇。

实际上，越是那些受教育水平低的父母，越是因为切身感受到社会生活的残酷，所以对孩子怀有过高的期望。这一则是因为他们不希望孩子再吃自己吃过的苦，二则是因为他们把自己没有完成的理想强加于孩子，希望孩子能够给他们增光添彩。不得不说，父母这样的想法是很自私的，因为孩子既不依附于父母，也不属于父母。孩子是独立的生命个体，理应有属于自己的人生。从这个意义上来说，父母不要打着为孩子好的旗号，对孩子提出各种苛刻的要求，更不要如同雕塑家雕刻艺术品那样，试图对孩子进行精雕细琢。**明智的父母养育孩子会坚持抓大放小的原则，既能保证孩子成长的方向是正确的，也能引导孩子形成正确的价值观**。至于孩子成长的速度是快还是慢，孩子想要选择文科还是理科，孩子理想的人生是什么样子的，父母则要放手，让孩子独立决定。在抚养孩子长大的过程中，如果父母总是严苛地要求孩子，就会变得越来越焦虑，进而把焦虑传染给孩子，使孩子也变得慌乱。

人们常说，希望越大，失望越大，这句话特别有道理。作为父母，如果始终对孩子怀有过高的期望，那么最终必然会对孩子感到失望。从孩子的角度来说，长时间承受父母不切实际的期望，必然感到压力很大，也会因为没能实现父母的期望而产生愧疚感和负罪感。因为父母只看重分数和名次，所以有些孩子一旦考试成绩不能让父母满意，就会害怕回家，害怕面对失望的父母。对于这样的孩子而言，学习不再是成长的方式，也不再是获得成就感和满足感的源泉，而成了沉重的负担。可想而知，他们必然没有学习的内部驱动力，反而对学习满怀恐惧。

★

在初中阶段的学习中，郭盾一直表现出色，唯独英语成绩很一般。对此，郭盾感到压力很大，生怕自己在中考中因为英语成绩不好，导致与重点高中失之交臂。为此，他发奋图强，花费更多的时间和精力勤学英语。两个多月过去，在中考之前的模拟考中，郭盾的英语勉强及格。看到这样的英语成绩，郭盾着急得大哭起来。他一边哭一边说："完了，我只英语这一门课程就比别人少了二三十分，怎么可能考上重点高中呢！"妈妈安抚郭盾："郭盾，在学习方面，每个人的天赋和能力是不同的。有的人长了个理科脑子，学习数理化轻轻松松毫不费力，但是学习文科就有些困难了。你就是这样的。如今距离中考只剩下一个多月，咱们千万不要慌张，发挥出正常水平就好。等到了高中，有三年时间呢，咱们完全可以补上英语的短板。"

得到妈妈的安慰，郭盾的心情才略微平复。妈妈知道，郭盾的心理素质不太好，一遇到大考就会紧张。为此，在中考前一个多月中，妈妈一直都在给郭盾减压，减轻郭盾的心理压力和心理负担。最终，郭盾以一分之差与心仪的重点高中失之交臂。看着郭盾失望的样子，妈妈却毫不在意地说："人们常说，宁当鸡头，不当凤尾，说不定你在普通高中还能有更好的发展呢！"

★

面对孩子的失意，父母与其批评、打击孩子，使孩子更加失去自信，还不如借此机会鼓励和支持孩子，让孩子相信自己是有优势和特长的，而非只有劣势和不足。**对于孩子而言，充满自信地成长，他们才能有更多的收获。**反之，孩子如果陷入自卑之中，就会常常自我否定，因此自暴自弃。

父母唯有发自内心地接纳孩子的不完美，才能看到孩子的坚持、努力和点滴进步，因而持之以恒地肯定和赞美孩子。父母唯有适度期待孩子，才不会在陪伴孩子一起成长的过程中患得患失，而是能够始终拥有平和的力量，帮助孩子战胜一切的艰难困厄。

小贴士

俗话说，金无足赤，人无完人。作为父母，既然我们从不完美，那么又为何要求孩子绝对完美呢？正是不完美的父母和不完美的孩子，组成了温馨且充满爱的家，也让成长变得趣味横生、幸福无限。

穷养还是富养，这是个问题

在很多家庭里，孩子并不知道父母的真实收入，这是因为有些父母收入比较高，担心孩子与人攀比，因此刻意向孩子隐瞒。而在另一些家庭里，有些父母收入比较低，害怕孩子在与他人沟通的过程中因为父母收入低而自卑，所以也选择向孩子隐瞒收入。实际上，这么做既有好处，也有坏处。好处就是避免孩子攀比或者自卑，坏处就是孩子有可能缺乏小主人翁的意识，对于家庭生活的参与程度不够高。此外，孩子不知道劳动付出与金钱收获之间的关系，不利于培养孩子的财商。

如今，很多家庭里只有一个孩子，关于穷养还是富养孩子的问题，很多父母没有明确的答案。大多数父母认为穷养孩子能提升孩子吃苦耐劳的能力，使孩子勇敢地承受挫折，而富养孩子则使孩子娇生惯养，不能吃苦，抗挫折能力也比较差。可以说，关于穷养还是富养孩子的问题，仁者见仁，智者见智。

在养育孩子的过程中，不妨把穷养和富养进行中和，这是因为不管采取怎样的养育方式，一旦走向极端，就会导致出现问题。 对于年幼的孩子，父母可以告诉他们妈妈每天的工资只够他们上一次课，这样他们就很直观地知道妈妈辛苦一天，只是为了让他们在兴趣班里上一次课。他们虽然对于金钱的多少没有特别清晰的概念，但是把妈妈的劳动与老师的劳动进行了换算。对于青春期的孩子，他们已经具备一定的金钱意识，也有些孩子会把自己的压岁钱、零花钱等积攒起来，进行理财，获得收益。因而和青春期的孩子谈论家庭的财务状况和父母的收入情况，无疑是更加简单便捷的。

一直以来，很多父母都不愿意和孩子谈论钱，也不愿意和孩子探讨自家的经济情况算是贫穷还是富裕。其实，贫穷和富裕只是相对而言的，并没有固定不变的标准。在很多经济条件一般的家庭里，父母总是在孩子面前充大款，也从不约束孩子合理花费金钱，这使得孩子很容易与同学攀比，也会养成花钱毫无节制的坏习惯。长此以往，孩子习惯了伸手向父母要钱，从来没有危机意识，因而即使长大成人也会成为不折不扣的啃老族，甚至害得父母不能安享晚年。在很多富裕的家庭，父母为了培养孩子勤俭节约的好习惯，总是在孩子面前哭穷，使孩子误以为家里很穷，又因为物质方面比较匮乏，所以孩子就会变得自卑，不敢积极地参与集体活动，不敢与同学聚会等。长此以往，这必然影响孩子的心理健康，也会影响孩子的人际交往。由此可见，不管是穷养还是富养都不能走向极端，否则就会导致事与愿违。

通常情况下，父母主张女孩要富养，这是为了避免女孩在金钱和物质方面匮乏，将来被异性用小小的慷慨和大方哄骗；主张男孩要穷养，这是因为男孩是家里的顶梁柱，承担着养家糊口的重任，所以必须吃苦耐劳，意志力顽强。然而，现实的情况却是，富养的女孩很可能不知道贫穷的滋味，而穷养的男孩则因为眼界不够开阔，格局不够大，导致在人生的道路上处处受挫，很难做出成就。

随着社会的进步，观念的开放，父母完全可以大大方方地与孩子谈论金钱，也从小培养孩子的金钱意识，让孩子知道必须依靠努力奋斗，才能凭着知识、技能等赚取金钱。 反之，一个人如果毫无所长，总是一事无成，那么就很难养活自己，更别说养活家人了。父母还要告诫孩子，君子爱财，取之有道，引导孩子形成正确的金钱观，绝不沾染不义之财。总而言之，金钱观和世界观、人生观和价值观一样，对孩子的成长都是至关重要的。父母与其遮遮掩掩地拒绝和孩子谈论金钱，不如坦坦荡荡地主动和孩子谈论金钱。尤其是对于青春期的孩子而言，当家庭里遭遇突如其来的经济困境时，让他们和父母一起咬紧牙关，共克时艰，这是非常有必要的。

作为父母，当发现孩子对金钱毫无概念，总是挥霍金钱时，一定要及时向孩子灌输正确的金钱观，也帮助孩子养成合理消费的好习惯。对家境普通的孩子而言，切勿与他人攀比，更不要爱慕虚荣，否则就会给自己和父母带来沉重的负担。

张宁出生在一个普通的工人家庭里，他的爸爸妈妈都是工人，工作辛苦，薪水不高。他们对待张宁的唯一原则，就是把家里所有好吃的、好喝的都给张宁，不管张宁提出什么要求，他们都会想方设法地满足。

高一才开学不久，张宁就给爸爸妈妈打电话，提出想要一部最新款的手机。爸爸妈妈不由得感到为难。要想满足张宁的愿望，他们需要两个月不吃不喝，把所有的收入都积攒起来。但是，这怎么可能呢？家里要开销，还要供张宁读书，常常面临入不敷出的困境。为此，妈妈打电话给张宁，艰难地说清楚家里的情况。不想，张宁向来骄纵惯了，压根儿没把妈妈的话听到耳朵里，而是冲着妈妈大吼大叫："我不管，我必须要手机，否则我就不上学了。其他同学都有，就我没有，太丢人了。"为了满足张宁的愿望，爸爸白天在工厂里上班，晚上去当代驾。经过几个月的努力，爸爸妈妈才为张宁凑够了买手机的费用。张宁刚买了新手机不久，就因为和几个同学去酒吧里玩，把手机弄丢了。

在这个案例中,张宁显然是被爸爸妈妈惯坏了。张宁之所以变得这么骄纵任性,不懂得感恩父母,不知道心疼父母,主要是因为父母从小对张宁有求必应,呵护备至。父母一定不要无限度地满足孩子的要求和欲望,否则随着孩子不断成长,他们提出的要求越来越高,父母再想满足孩子就会很难。而父母一旦拒绝孩子,孩子就会怨恨父母。这显然是父母不想看到的结果。

不管是穷养还是富养,父母都要根据自家的经济条件,适度地满足孩子的要求,也适度地拒绝孩子不合理的请求。这样孩子才会明白,哪些要求是合理的,哪些要求是不合理的,因而明确提出要求的边界。必要的时候,父母还可以让孩子在家里分担家务,或者是做一些兼职,这样孩子就会知道赚钱多么辛苦,自然不会再挥霍无度了。

小贴士

在如今的时代里生存,钱虽然不是万能的,但是没有钱却是万万不能的。为了不让孩子成为金钱的主宰,父母要及时培养孩子的金钱意识,提升孩子的财商。真正明智的父母,既不会当着孩子的面炫富,也不会当着孩子的面哭穷,他们只会引导孩子合理支配金钱,让金钱实现最大的价值和效益。

面对婚姻变故，要安抚好孩子

不是所有的婚姻都是幸福的，也有很多夫妻选择了分道扬镳。他们或者感情破裂，或者性格不合，或者爱上了其他人，或者生活习惯不同……当夫妻决定离婚时，如果没有孩子，那么只需要做好财产分割就能彻底断绝联系。如果有孩子，那么还需要安排好孩子未来的生活，决定孩子由谁抚养。最重要的是，要尽量安抚好孩子，避免孩子因为父母的婚姻变故而受到严重的心理创伤。有些夫妻离婚的时候闹得鸡飞狗跳，一点儿体面都没有，给孩子留下了如同噩梦般的印象。孩子始终牢记父母支离破碎的婚姻，即使长大成人也不敢步入属于自己的婚姻殿堂。这个时候，父母看着打定主意要单身到底的孩子，未免懊悔，却也无计可施。

当婚姻出现变故时，明智的父母会优先考虑孩子的感受，而把自己的感受放在其次。 有些夫妻尽管已经结束婚姻关系，但是依然对对方满怀憎恨。尤其是当离婚的原因是男性出轨时，女性总是当着孩子的面怨恨、诅咒男性，诋毁男性的形象，这必然会伤害孩子的情感。毕竟对于孩子而言，爸爸不管犯了什么错，终究都是他唯一的爸爸。作为妈妈，如果不能意识到诋毁爸爸给孩子带来的伤害，继续变本加厉，甚至阻挠孩子与爸爸见面，那么就会加剧离婚带给孩子的伤害，使父母离婚的阴影始终笼罩在孩子的人生中。

明智的父母即使在婚姻破碎时受到了对方深深的伤害，他们也不会在孩子面前谩骂对方。 对于夫妻，一旦结束婚姻，夫妻之情就不复存在。但是对于孩子而言，不管爸爸妈妈的婚姻状态如何，都始终是他最亲近最依赖的人。可想而知，当孩子眼睁睁地看着自己最爱的爸爸和妈妈互相伤害，他们的内心多么痛苦和无奈。夫妻不管因为什么离婚，为了减少对孩子的伤害，一定要好合好散。**虽然婚姻结束必然会伤害孩子，但是父母表面上的和平与友好，会让孩子相信他依然拥有爸爸妈妈的爱，并不曾失去爸爸妈妈之中的任何一方。**

对于年幼的孩子，父母往往隐瞒婚姻的变故。实际上，这么做并不明智。孩子非常敏感，哪怕父母决定向孩子隐瞒事情，孩子也会察言观色，发现家庭生活的变化，发现父母之间关系的变化。与其让孩子提心吊胆地暗自揣测，父母不如坦诚地告诉孩子爸爸妈妈不在一起生活了，帮助孩子尽快接受现状。毫无疑问，和年幼的孩子相比，青春期孩子的思想工作是更难做的。进入青春期，孩子对于爱情有了懵懂的认知，也对爱情充满了憧憬。可以说，青春期是孩子形成爱情观和婚姻观的重要时期。在这个特殊的时期里，如果父母感情破裂，走向了离婚的局面，一旦处理不慎，就会影响孩子的爱情观和婚姻观。**从这个意义上来说，家有青春期的孩子，父母要更慎重地处理婚姻问题。** 一则是因为孩子正处于青春期，情绪容易波动，内心异常敏感，二则是因为孩子正值学习的关键时期，一旦因为婚姻问题影响孩子学习，就会耽误孩子的前程。为此，很多父母在孩子高中期间甚至初中期间感情破裂，但是为了让孩子能够心无旁骛地参加高考、中考，他们只能选择隐忍，等待着孩子参加完重要的考试，再去办理离婚手续。基于这样的想法，每年高考、中考季过后，离婚率陡然攀升，可见很多中年夫妻貌合神离、同床异梦，都是在为了孩子而勉强维持婚姻的表象而已。父母采取这样的做法，的确帮助孩子度过了紧张的学习阶段，也给了彼此一段时间缓冲，慎重思考婚姻的出路。当打定主意结束婚姻时，孩子也结束了重要的阶段性考试，父母处理婚姻问题的心理负担大大减轻。

当觉察到父母的感情状况出现异常，有些青春期的孩子也许会主动和父母沟通。面对孩子的询问，父母如果能够不露痕迹地掩饰，那么当然可以选择继续向孩子隐瞒。但是，如果孩子已经察觉到真相，那么父母与其一味地逃避，对孩子敷衍了事，导致孩子忐忑不安、紧张焦虑，还不如坦诚地和孩子讨论感情问题，也趁机对孩子开展爱情观和婚姻观的教育。现代社会崇尚婚姻自由，每个人都有权决定自己的婚姻状态，但是要以不伤害他人，尤其是不伤害孩子为前提。作为父母，如果自己的婚姻状态对孩子造成难以愈合的心灵创伤，那么一定会追悔莫及，陷入无限的懊恼和悔恨之中。

在家庭教育中，父母的身教作用大于言传。当亲眼看到爸爸妈妈能够坦诚地面对内心，坦率地处理好婚姻问题，孩子也会受到父母的积极影响，不逃避，不畏缩。父母尤其需要告诉孩子的是，不管爸爸妈妈的婚姻状态如何，爸爸妈妈都会一如既往地关爱孩子，呵护孩子。很多孩子之所以害怕父母离婚，是因为担心从此之后会失去至少一半的爱。当意识到离婚只是改变了父母共同生活的状态，而并没有让他们失去爸爸或者妈妈的爱，他们就更能够接受父母对于婚姻的决定。

这天傍晚，爸爸接到妈妈的电话，说亚宁放学之后没有回家，也没有去姥姥姥爷家里，不见了。爸爸心急如焚，四处寻找亚宁。不想，亚宁主动打电话给爸爸，威胁爸爸说："爸爸，你必须答应我不和妈妈离婚，不要抛弃我和妈妈，否则我就不回

第七章
坚定与平和，消除孩子成长中的困惑

家，我就让你们再也找不到我。"情急之下，爸爸只好答应了亚宁的请求，并且和亚宁约定半小时之后在家里见面。

爸爸一边往曾经的家赶去，一边打电话跟妈妈沟通情况。得知亚宁离家出走的原因，妈妈和爸爸商议决定开诚布公地和亚宁谈一谈他们的婚姻状况，以免给亚宁带来更严重的伤害。回到家里，妈妈主动对亚宁说："亚宁，关于我和爸爸要离婚的事情，我们想和你谈一谈。你现在是大孩子了，不要冲动行事。我想告诉你的是，不是爸爸要抛弃我们，而是因为我和爸爸性格不合，继续生活下去只能互相伤害，所以决定和平分手。"得知离婚原来是妈妈提出来的，亚宁马上把苗头转向妈妈。爸爸解释道："亚宁，即使我和妈妈离婚，我依然是你爸爸，妈妈也还是妈妈。你放心，爸爸妈妈会一如既往地爱你，不会让你受到任何委屈。"然而，亚宁坚持让爸爸妈妈和好如初。妈妈打比方给亚宁听，说道："亚宁，如果你与一个朋友合不来，你是选择勉强和他继续在一起，还是选择和他友好分手，再见面客客气气的呢？"妈妈的这个比方让亚宁茅塞顿开。她向爸爸妈妈确定："你们真的会一如既往地爱我吗？"爸爸妈妈都毫不迟疑地连声保证，亚宁这才如释重负。

在这个案例中，亚宁为了逼迫爸爸妈妈和好，不惜离家出走。只可惜，爸爸妈妈打定主意要离婚，他们并不想欺骗亚宁。在得知爸爸妈妈是友好和平地离婚，而且得到爸爸妈妈的保证之后，亚宁这才接受了现实。当然，即便如此，在爸爸妈妈最初离婚的那段时间里，亚宁依然会觉得不适应。这需要爸爸妈妈都加倍关爱亚宁，才能帮助亚宁重新获得安全感，也适应新的生活模式。

小贴士

　　对于孩子而言,父母是他们最信任最亲近的人,正是父母支撑起他们赖以生存的家。为此,当得知家即将支离破碎的消息,孩子必然难以接受。越是懂事的孩子,越是会有更多的顾虑和担忧。父母所要做的,就是打消孩子的顾虑和担忧,让孩子相信他依然拥有父母,也拥有父母的爱。

第七章
坚定与平和，消除孩子成长中的困惑

不容忽视的生命教育

近年来，青春期孩子群体中，自杀者的比例越来越高。世界卫生组织经过调查发现，在15~29岁的青年人群中，自杀是第二大死因。要想当合格的父母，要想成为优秀的父母，我们一定要重视对孩子进行生命教育。**生命教育是一生的功课，能够帮助孩子认知死亡，敬畏生命。唯有坚持对孩子进行生命教育，孩子才能意识到人的生命是极其宝贵的，也是短暂且有限的，继而树立生死观念，开始向死而生的人生旅程，也努力实现生命的意义和价值。**

很多父母不知道如何与孩子沟通关于死亡的话题。其实，和孩子谈论死亡是需要契机的。例如，和孩子共同阅读一本文学作品，探讨其中重要人物的生存与死亡；每当家族里有人去世时，借此机会引导孩子认知死亡，也教会孩子面对死亡，并且帮助孩子消除对于死亡的恐惧。即使对于年幼的孩子，也有很多绘本故事可以作为载体，引导孩子理解死亡。

在大自然里，除了人类要面临生老病死的问题之外，所有的动植物同样需要面对生死。每当春天来临，春暖花开，百花争艳，父母可以带着孩子一起徒步或者登山，欣赏欣欣向荣的美景。每当冬天来临，树木凋零，花朵枯萎，各种动物或者冬眠，或者结束短暂的生命。这些都是帮助孩子认识死亡的极好素材，能够让孩子感受到生的可贵，因而更加珍惜和热爱生命。

在青少年群体里，很多孩子患上了不同种类、不同程度的心理疾病，这些心理问题也导致孩子的自杀率越来越高。他们恐惧死亡，却又在无助和绝望的时候毅然决然地走向死亡。那么，孩子为何害怕死亡呢？其实，大多数孩子不知道死亡真正意味着什么，只是因为看到他们所依赖的成年人因为身边人去世而哭泣，也看到葬礼的现场充满了庄严肃穆的氛围，所以和伤心欲绝的成年人产生了共情。在这种时刻，父母切勿只顾着伤心，而忽略了孩子。父母需要做的是及时引导孩子，告诉孩子布置葬礼的意义，也告诉孩子成年人为何会感到痛苦、伤心。这样一来，孩子就会知道生命的终点是死亡，也会知道所有人都终有一天会死去。那么，孩子会因此而恐惧死亡，也对生存感到迷惘吗？的确有这种可能。毕竟孩子还小，不可能像老人一样豁达从容地面对死亡。父母还要告诉孩子，人生就是向死而生的旅程，虽然每个人最终都要抵达死亡的终点，但是依然可以在生命的旅程中欣赏沿途的美景，感受生命的美好。总之，**引导孩子们认知死亡的目的，是激发孩子们对生的热爱、执着和坚持。**

正如著名史学家司马迁所说的，"人固有一死，或重于泰山，或轻于鸿毛"。对于所有人而言，生命都是未知的旅程，没有人知道自己的生命将会在何时戛然而止，但是，我们却不能因此深陷对死亡的恐惧之中，而是要战胜对死亡的恐惧，更加充满热爱地好好活着。生命的价值和意义正在于，活着的时候做更多有意义的事情，散播更多的爱，传递更多的温暖，创造更多的美好。

最近几年，青春期孩子因为与父母产生矛盾，承受巨大的学习压力，与人争吵一时冲动，盲目模仿同伴的行为等自杀的事件时有发生，一个个年轻的生命陨落，带给一个个家庭致命的打击。作为父母，如果能够敏感觉察到孩子的心理和行为异常，也能够以更宽容和理解的态度对待孩子的学习与成长，尤其是要坚定不移地接纳和关爱孩子，那么就能及时制止孩子的轻生行为，也有可能以爱、尊重、理解和包容打消孩子轻生的念头。

在家庭生活中，很多父母在学习方面严格要求孩子，还规定孩子每次考试都要考取优异的成绩。其实，学习从来不是凭着主观愿望就能做好的事情，就像成年人哪怕全力以赴投入工作，也未必能在工作上获得想要的成就一样，孩子也不能凭着愿望就在学习方面出类拔萃。为此，父母要适度期望孩子，更要看到人生充满可能性，条条大路通罗马，所以孩子并非只有学习这一条人生道路可走。

在日常相处中，父母要以身示范，给孩子树立好榜样，潜移默化地影响孩子，让孩子形成积极乐观的心态。人生是漫长的，也充满了可能性。要想让孩子从容地应对人生，父母就要侧重培养孩子坚强乐观的品质，让孩子拥有强大的内心。尤其是在和孩子一起讨论很多问题时，父母要有意识地引导孩子从积极的方面思考问题，而不要当着孩子的面说一些灰心丧气的话，打消孩子的积极性，使孩子消极地看待人生中的各种问题。

最近，孔明所在的高中有个男孩跳楼自杀了，起因是他上课讲话，被老师狠狠地批评了。得知这个消息，妈妈异常紧张，生怕这件事情给孔明带来不好的影响。这个周末的傍晚，全家人一起外出聚餐回来，妈妈假装漫不经心地说起这件事情，询问孔明："在学校里，你们谈论这件事情了吗？大家都是怎么想的？"孔明说道："那个男孩太傻了。生活这么美好，虽然学习辛苦了一些，疲惫了一些，但是还是有开心的时候，能吃美味的食物，也能玩有趣的游戏。就因为老师的几句话，就自杀了，这可太亏了。"

听到孔明的回答，妈妈如释重负。她语重心长地说道："生命，是非常宝贵的，不管因为什么原因，都不要轻易地放弃生命。那个男孩冲动地一跃而下，坠落的瞬间肯定特别后悔，可惜他没有机会后悔了。"孔明说："也许，他很开心，因为以后不用再写作业，也不用被老师骂了。"妈妈突然意识到问题的根源不在于孩子们是否会模仿学长的自杀行为，而是他们是否认为死亡比活着更容易。妈妈转变话题，说道："人生，终究还是美好大过痛苦。毕竟痛苦只是一时的，美好却是长久的。他要是好好活着，将来能考入大学，在大学里谈一场轰轰烈烈的恋爱。还会与心爱的女孩结婚，一起成家立业，抚育下一代。到老了，还有儿孙满堂，享受天伦之乐。这一切就这样戛然而止了，多么可惜啊。高中只有三年，人生却有几十个三年。"孔明看着妈妈惆怅担忧的样子，笑着说："妈妈，你别担心，我可还没活够呢。"妈妈郑重其事地告诉孔明："小明，任何时候你都要牢记，我和爸爸无条件地爱你，支持你。所以，你遇到紧急的情况，一定要告诫自己冷静，切勿冲动。"孔明默默地点点头，微笑着示意妈妈放心。

在这个案例中，妈妈是非常敏感的，知道青春期孩子的从众心理很强，所以在得知校园里有男孩自杀之后，当即对孔明进行了疏导和干预。妈妈尤其强调了她和爸爸对孔明的爱是无私的、无条件的，也是永远不会改变的，所以能够让孔明获得安全感。

小贴士

青春期的孩子很容易情绪波动，父母除了要引导孩子珍爱生命之外，还要为孩子营造和谐温馨的家庭氛围，让孩子时刻感受到父母的爱，也相信父母是他们最坚强的后盾。此外，还要培养孩子的兴趣爱好，让孩子有所热爱，有所依恋，有所寄托。

参考文献

[1]卢森堡.非暴力沟通[M].刘轶,译.北京:华夏出版社有限公司,2021.

[2]吴英绪.倾听力:沟通不是"说"出来的,是"听"出来的[M].北京:民主与建设出版社,2020.

[3]吉诺特.有话慢慢说:父母如何与青少年沟通[M].许丽美,译.北京:中国广播电视出版社,2009.

[4]钱荣.儿童青少年沟通心理学[M].北京:西苑出版社,2020.

参考文献